GLAUBER G. SILVA

Gestão Operacional em Hospitais

Alcançando a Excelência Hospitalar

Otimização de Processos e Recursos para uma Gestão de

Sucesso

I
Introdução

Bem-vindo ao livro "Gestão Operacional em Hospitais

Otimização de Processos e Recursos para uma Gestão de Sucesso".

Nesta obra, exploraremos os fundamentos da eficiência operacional e sua

relação com a gestão hospitalar, fornecendo insights valiosos para

profissionais e gestores que buscam aprimorar o desempenho de suas

instituições de saúde.

No contexto atual, em que os recursos financeiros são limitados e a

demanda por serviços de saúde está em constante crescimento, a

eficiência operacional torna-se uma prioridade estratégica para hospitais

e sistemas de saúde. A capacidade de otimizar processos, utilizar

recursos de forma eficiente e oferecer atendimento de qualidade é

essencial para enfrentar os desafios do setor e proporcionar cuidados

excepcionais aos pacientes.

Ao longo deste livro, abordaremos os principais conceitos e práticas

relacionados à eficiência operacional em hospitais. Exploraremos os

desafios e obstáculos enfrentados na busca pela eficiência,

apresentaremos estratégias para superá-los e discutiremos as vantagens e

benefícios de uma gestão eficiente em hospitais. Além disso,

forneceremos insights sobre o mapeamento e análise de processos

hospitalares, métodos e técnicas para o mapeamento de processos, e

como otimizar recursos, capacidade e gestão de custos.

Também discutiremos a importância da tecnologia e automação na eficiência operacional hospitalar, assim como a implementação de programas de qualidade, a gestão de recursos humanos e materiais, e a importância do monitoramento e avaliação de resultados, feedback dos pacientes e gestão de reclamações.

Por fim, abordaremos a cultura de melhoria contínua e gestão da qualidade em hospitais, enfatizando a importância da educação e conscientização da equipe, e a necessidade de uma gestão financeira eficiente e sustentável.

Esperamos que este livro seja uma fonte de conhecimento e inspiração para os profissionais da área da saúde que buscam aprimorar a eficiência operacional em seus hospitais. Ao implementar as estratégias e práticas aqui apresentadas, acreditamos que será possível promover uma gestão eficaz, garantir a excelência nos cuidados aos pacientes e alcançar resultados positivos tanto em termos de qualidade quanto de sustentabilidade financeira.

I-A

Apresentação do livro e sua relevância para a gestão hospitalar

Neste capítulo, apresentaremos o livro "Gestão Operacional em Hospitais: Otimização de Processos e Recursos para uma Gestão de Sucesso" e discutiremos sua relevância para a gestão hospitalar. Abordaremos os principais temas, objetivos e benefícios que este livro oferece aos gestores e profissionais de saúde.

Contextualização: Introdução ao contexto desafiador da gestão hospitalar, marcado por demandas crescentes, restrições financeiras e busca por maior eficiência e qualidade nos serviços de saúde.

Destaque para a importância de uma gestão eficaz que otimize processos e recursos, garantindo a sustentabilidade e excelência no atendimento aos pacientes.

Os objetivos principais do livro, que visam fornecer aos gestores hospitalares um guia prático e abrangente para a melhoria da eficiência operacional.

Explorando os fundamentos teóricos e práticos que embasam as estratégias e abordagens apresentadas ao longo do livro.

Entre os principais temas tratados no livro, teremos a definição de eficiência operacional, a identificação de desafios e obstáculos, as vantagens e benefícios da gestão eficiente, o mapeamento e análise de processos, métodos e técnicas de otimização, gerenciamento de recursos, tecnologia e automação, entre outros.

Cada tema é abordado em capítulos individuais, oferecendo uma visão

abrangente e aprofundada sobre cada aspecto da eficiência operacional

na gestão hospitalar.

Os gestores encontrarão estratégias, ferramentas e exemplos práticos que

podem ser aplicados em suas instituições, melhorando o desempenho,

reduzindo custos e fortalecendo a reputação institucional. Utilizamos

uma abordagem acessível e prática, que torna o livro útil tanto para

iniciantes na gestão hospitalar quanto para profissionais experientes em

busca de aprimoramento.

. Com sua leitura, os gestores estarão equipados com as informações

necessárias para implementar melhorias significativas nos processos

hospitalares, aumentar a produtividade, reduzir custos e alcançar uma

gestão eficiente.

Além disso, o livro destaca a importância da qualidade dos serviços

prestados e como ela está intrinsecamente ligada à eficiência operacional.

Ao adotar as estratégias e técnicas apresentadas, os gestores serão

capazes de melhorar a experiência dos pacientes, garantir a segurança e a

excelência no atendimento, fortalecendo a reputação institucional.

Através de uma abordagem prática, fornecendo exemplos concretos e

estudos de caso relevantes. Isso permite que os gestores visualizem a aplicação dos conceitos e estratégias em situações reais, facilitando a implementação no contexto de suas próprias instituições.

Iremos além da teoria, pois reconhece os desafios específicos enfrentados pela gestão hospitalar e oferece soluções adaptadas a esses cenários. Os gestores serão guiados na identificação e superação dos obstáculos, além de receberem orientações sobre como manter uma cultura de melhoria contínua e gestão da qualidade.

Por fim, ressaltamos a importância do trabalho em equipe e da liderança engajada na busca pela eficiência operacional. Os gestores serão incentivados a promover a colaboração, o engajamento dos colaboradores e a capacitação contínua da equipe, criando um ambiente propício à implementação das melhorias propostas.

Em resumo, este livro irá se tornar uma valiosa ferramenta para os gestores hospitalares que desejam alcançar uma gestão eficiente e enfrentar os desafios do setor de saúde. Ao adotar as estratégias e práticas apresentadas, os gestores estarão no caminho certo para melhorar a eficiência operacional de suas instituições.

Garantir a qualidade dos serviços e proporcionar um atendimento excepcional aos pacientes.

I-B

Importância da eficiência operacional na busca por uma gestão eficaz em hospitais

No ambiente complexo e desafiador dos hospitais, a eficiência operacional desempenha um papel crucial na busca por uma gestão eficaz. A eficiência operacional refere-se à capacidade de maximizar a produtividade, minimizar desperdícios e otimizar recursos, visando o alcance dos objetivos estratégicos da instituição de saúde. Neste capítulo, exploraremos a importância da eficiência operacional e como ela impacta positivamente a gestão hospitalar.

1. **Melhoria da qualidade do atendimento:** A eficiência operacional permite a realização de um atendimento de alta qualidade, garantindo que os pacientes recebam os cuidados necessários de forma oportuna e segura.

2. **Otimização de Processos:** Processos bem estruturados e otimizados contribuem para reduzir erros, melhorar a precisão dos diagnósticos e tratamentos, além de aumentar a satisfação dos pacientes.

3. **Redução de custos:** Promover o uso inteligente dos recursos disponíveis, reduzindo desperdícios e controlando os custos operacionais.

4. **Processos eficientes:** Minimizam retrabalhos, evitam atrasos e reduzem o tempo de espera, otimizando a utilização de

equipamentos, materiais e pessoal, resultando em uma economia significativa para o hospital.

5. **Aumento da produtividade:** Uma gestão eficaz, baseada em eficiência operacional, aumenta a produtividade de todos os setores hospitalares, desde a admissão do paciente até a alta médica. Processos bem definidos, fluxos de trabalho claros e uma distribuição eficiente das tarefas contribuem para a execução rápida e eficaz das atividades, melhorando o desempenho global da instituição.

6. **Otimização da capacidade:** Hospitais eficientes operacionalmente são capazes de otimizar sua capacidade de atendimento, assegurando que os recursos estejam adequadamente dimensionados para a demanda.

7. **Gerenciamento eficiente:** de leitos, salas cirúrgicas e outros recursos críticos permite uma melhor alocação de pacientes e um fluxo contínuo de atendimento, evitando a superlotação e melhorando os resultados clínicos.

8. **Adaptabilidade às mudanças:** A eficiência operacional cria uma cultura organizacional voltada para a melhoria contínua, permitindo que o hospital se adapte mais facilmente às mudanças nas demandas e necessidades dos pacientes.

9. **Controle:** Hospitais eficientes estão preparados para lidar com situações emergenciais, crises e inovações tecnológicas, garantindo uma resposta rápida e eficaz.

10. **Melhoria da reputação e competitividade:** Uma gestão eficiente e operacionalmente eficaz contribui para a construção de uma sólida reputação no mercado de saúde, atraindo mais pacientes, profissionais talentosos e parcerias estratégicas.

Hospitais que se destacam pela eficiência operacional têm uma vantagem competitiva!

II

Fundamentos da eficiência operacional em hospitais

Os fundamentos da eficiência operacional em hospitais são de extrema importância para a busca de uma gestão eficaz nesse ambiente complexo e desafiador. Compreender e aplicar esses fundamentos é essencial para otimizar processos e recursos, visando aprimorar a qualidade do atendimento, reduzir custos, aumentar a produtividade e garantir uma gestão sustentável.

A eficiência operacional em hospitais é fundamental para garantir a prestação de serviços de qualidade, o uso adequado de recursos e a melhoria contínua dos processos. Alguns dos fundamentos essenciais para alcançar a eficiência operacional em hospitais incluem:

1. **Padronização de processos:** Estabelecer padrões e diretrizes claras para os processos operacionais é fundamental. Isso inclui a definição de fluxos de trabalho, protocolos de atendimento, procedimentos operacionais padrão (POPs) e diretrizes clínicas. A padronização reduz a variabilidade, melhora a eficiência e facilita a gestão do desempenho.

2. **Otimização do fluxo de pacientes**: Garantir um fluxo eficiente de pacientes é crucial para minimizar o tempo de espera, otimizar a utilização de recursos e melhorar a satisfação dos pacientes. Isso envolve a implementação de sistemas de triagem

adequados, a otimização dos processos de admissão e alta, o gerenciamento efetivo de leitos e a coordenação entre as equipes.

3. **Gestão de estoques e suprimentos:** Uma gestão eficiente de estoques e suprimentos é essencial para evitar desperdícios, reduzir custos e garantir a disponibilidade adequada de materiais e medicamentos. Isso envolve a implementação de sistemas de controle de estoque, a negociação de contratos vantajosos com fornecedores, o monitoramento do consumo e a adoção de práticas de reabastecimento adequadas.

4. **Gestão de recursos humanos:** A gestão adequada dos recursos humanos desempenha um papel crucial na eficiência operacional. Isso inclui a alocação adequada de profissionais de saúde, o dimensionamento da equipe de acordo com a demanda, o desenvolvimento de competências e habilidades, e a implementação de programas de capacitação e retenção de talentos.

5. **Uso de tecnologia e automação:** A adoção de tecnologia e automação pode impulsionar a eficiência operacional em hospitais. Isso inclui a implementação de sistemas de gestão hospitalar integrados, registros eletrônicos de saúde, agendamento online, telemedicina, sistemas de apoio à decisão

clínica, entre outros. A tecnologia pode melhorar a precisão, a velocidade e a comunicação dos processos, além de facilitar a análise de dados e a tomada de decisões informadas.

6. **Melhoria contínua:** A eficiência operacional é um objetivo contínuo que requer uma cultura de melhoria contínua. Os hospitais devem buscar identificar oportunidades de aprimoramento, realizar análises de causa-raiz de problemas, implementar ações corretivas e preventivas, além de promover a participação e o envolvimento de toda a equipe no processo de melhoria.

Ao incorporar esses fundamentos, os hospitais podem otimizar seus processos, alocar recursos de forma eficiente, melhorar a experiência do paciente e alcançar resultados de saúde melhores. A eficiência operacional é essencial para enfrentar os desafios do setor de saúde e fornecer cuidados de qualidade de maneira sustentável.

II-A

Definição de eficiência operacional e sua relação com a gestão hospitalar

Neste capítulo, vamos explorar a definição de eficiência operacional e sua relação direta com a gestão hospitalar. A eficiência operacional é um conceito fundamental para aprimorar o desempenho e a sustentabilidade dos hospitais, garantindo a melhor utilização de recursos e a melhoria contínua dos processos. Vamos analisar como a eficiência operacional se aplica ao contexto hospitalar e como ela pode impactar positivamente a qualidade do atendimento, a satisfação dos pacientes e a saúde financeira da instituição.

Definição de eficiência operacional: Envolve maximizar a produtividade, minimizar desperdícios e otimizar a utilização de recursos para alcançar os objetivos estratégicos da organização. Destaque para a importância de medir e monitorar indicadores de desempenho relacionados à eficiência operacional, como tempo de espera, utilização de leitos e taxa de ocupação.

Relação entre eficiência operacional e gestão hospitalar: A eficiência operacional e a gestão hospitalar estão intrinsecamente relacionadas, pois, uma gestão eficaz depende da maximização da eficiência operacional para alcançar os resultados desejados. A eficiência operacional permite a utilização otimizada dos recursos disponíveis, como equipe médica e de enfermagem, equipamentos, suprimentos e espaço físico. Uma gestão hospitalar eficiente busca identificar e eliminar atividades desnecessárias, reduzir desperdícios, melhorar os fluxos de trabalho e promover a padronização de processos. Além disso, a eficiência operacional contribui para a melhoria da qualidade do atendimento ao paciente, com redução de erros e aumento da segurança. A gestão hospitalar eficaz envolve o monitoramento e a análise dos indicadores de desempenho, bem como a implementação de estratégias e práticas que visem aprimorar continuamente a eficiência operacional. Ao estabelecer uma relação sinérgica entre eficiência operacional e gestão hospitalar, é possível garantir a sustentabilidade financeira da instituição, melhorar a experiência do paciente e promover a excelência nos serviços de saúde.

Benefícios da eficiência operacional na gestão hospitalar: como a melhoria da qualidade do atendimento, a redução de custos, o aumento da produtividade e a maximização da capacidade de atendimento. Destaque para a importância da eficiência operacional na obtenção de resultados financeiros positivos, que são essenciais para a sustentabilidade e o crescimento do hospital.

Conclusão: A eficiência operacional desempenha um papel crucial na gestão hospitalar, pois permite aprimorar a qualidade do atendimento, otimizar a utilização dos recursos disponíveis e garantir a sustentabilidade financeira da instituição. Ao compreender a definição de eficiência operacional e sua relação com a gestão hospitalar, os gestores estarão mais bem preparados para enfrentar os desafios do setor e promover melhorias contínuas em suas organizações.

A busca pela eficiência operacional requer um olhar crítico e estratégico sobre os processos internos do hospital. Isso envolve a identificação e a eliminação de atividades que não agregam valor, a simplificação de fluxos de trabalho complexos e a adoção de abordagens baseadas em evidências para melhorar a eficácia e a eficiência dos processos.

Além disso, a eficiência operacional demanda uma gestão efetiva dos recursos humanos, materiais e tecnológicos. É essencial otimizar a alocação dos profissionais de saúde, garantindo a quantidade adequada de pessoal, a distribuição equilibrada das tarefas e a capacitação adequada para desempenhar suas funções. O gerenciamento eficiente dos recursos materiais, como equipamentos médicos, suprimentos e medicamentos, também é fundamental para evitar desperdícios e assegurar o abastecimento adequado.

A tecnologia da informação desempenha um papel cada vez mais importante na eficiência operacional dos hospitais. A implementação de sistemas de informação integrados e soluções tecnológicas apropriadas pode facilitar a gestão eficiente de informações e dados, a automação de processos, a redução de erros e a melhoria da comunicação entre as equipes.

Por fim, a busca pela eficiência operacional deve estar alinhada à gestão da qualidade. A implementação de programas de melhoria contínua, como o Lean Healthcare ou o Six Sigma, pode ajudar a identificar oportunidades de melhoria, envolver os colaboradores no processo de mudança e garantir que a qualidade e a segurança do paciente sejam preservadas.

No geral, a definição de eficiência operacional e sua aplicação na gestão hospitalar são essenciais para enfrentar os desafios do setor de saúde. Ao adotar uma abordagem estratégica e orientada para resultados, os hospitais podem melhorar a qualidade do atendimento, otimizar recursos, reduzir custos e garantir sua sustentabilidade em um ambiente de saúde cada vez mais exigente. A eficiência operacional é um elemento-chave para uma gestão hospitalar eficaz e bem-sucedida.

II-B

Os pilares da eficiência operacional em hospitais

Neste capítulo, exploraremos os principais pilares que sustentam a eficiência operacional em hospitais. Esses pilares, quando bem compreendidos e implementados, contribuem para o funcionamento eficiente e eficaz da instituição de saúde como um todo. Abordaremos a definição de cada pilar, sua interconexão e como eles se complementam para promover a eficiência operacional.

Processos otimizados

Refere-se à análise, mapeamento e melhoria contínua dos processos hospitalares. Isso envolve a identificação de atividades desnecessárias, gargalos, retrabalho e a implementação de fluxos de trabalho mais eficientes e padronizados. Processos otimizados garantem um fluxo de trabalho suave, reduzem a duplicação de esforços e aumentam a produtividade da equipe.

Gestão de recursos

Envolve o planejamento e alocação adequada de recursos, como pessoal, equipamentos, suprimentos e espaço físico. A gestão eficiente dos recursos assegura que eles sejam utilizados de forma otimizada, evitando desperdícios, minimizando custos desnecessários e garantindo que estejam disponíveis quando necessários. Isso contribui para a eficiência operacional e a sustentabilidade financeira do hospital.

Tecnologia e automação

Refere-se à utilização de tecnologias e sistemas automatizados para otimizar os processos e melhorar a eficiência. Isso inclui o uso de prontuários eletrônicos, sistemas de agendamento, ferramentas de análise de dados e outras soluções tecnológicas que agilizam e simplificam as atividades hospitalares. A tecnologia e automação reduzem erros, agilizam os fluxos de trabalho e facilitam o acesso rápido a informações relevantes.

Cultura de melhoria contínua

É a disposição da equipe em buscar constantemente aprimoramentos e inovações. Uma cultura de melhoria contínua promove a colaboração, o engajamento e a participação ativa dos profissionais de saúde na identificação de oportunidades de melhorias nos processos e na implementação de soluções inovadoras. Isso cria um ambiente propício para a excelência operacional e a busca constante por melhores resultados.

Esses pilares estão interconectados e trabalham em conjunto para impulsionar a eficiência operacional em hospitais. Processos otimizados garantem a fluidez das atividades, a gestão eficiente de recursos fornece os meios necessários para a realização das atividades, a tecnologia e automação facilitam a execução e o monitoramento dos processos, enquanto a cultura de melhoria contínua impulsiona a busca constante por aprimoramentos. Quando esses pilares são fortalecidos e integrados, eles se complementam e contribuem para a eficiência operacional como um todo, resultando em uma gestão hospitalar mais eficaz, atendimento de qualidade e melhores resultados para pacientes, equipe e instituição.

II-C

Identificação dos principais desafios e obstáculos para a eficiência operacional em hospitais

A busca pela eficiência operacional em hospitais é essencial para garantir a qualidade dos serviços, a sustentabilidade financeira e a satisfação dos pacientes. No entanto, existem desafios e obstáculos que podem dificultar a conquista desse objetivo. Neste capítulo, identificaremos e discutiremos os principais desafios e obstáculos enfrentados na busca pela eficiência operacional em hospitais, destacando a importância de superá-los para alcançar uma gestão eficaz.

1. Complexidade dos Processos Hospitalares:

   ◦ Os processos hospitalares são intrinsecamente complexos, envolvendo múltiplas áreas, equipes e etapas. Essa complexidade pode gerar gargalos, atrasos e ineficiências que afetam a eficiência operacional.

   ◦ A falta de padronização de processos, a ausência de fluxos de trabalho claros e a falta de integração entre as equipes podem dificultar a otimização e a coordenação das atividades.

Para superar a complexidade dos processos hospitalares, é essencial realizar um mapeamento detalhado e uma análise criteriosa dos fluxos de trabalho. A padronização de procedimentos, a adoção de tecnologias integradas e a comunicação eficaz entre as equipes podem ajudar a otimizar os processos e reduzir os gargalos.

2. Resistência à Mudança:

○ A resistência à mudança é um desafio comum em qualquer organização, e hospitais não são exceção. Profissionais de saúde podem resistir a mudanças de rotinas, adoção de novas tecnologias ou métodos de trabalho, mesmo quando essas mudanças visam aprimorar a eficiência operacional.

○ A falta de envolvimento e engajamento dos profissionais de saúde, bem como a falta de comunicação clara sobre os benefícios das mudanças, podem dificultar a superação desse obstáculo. A resistência à mudança pode ser mitigada por meio de um planejamento cuidadoso, envolvimento dos profissionais desde o início, treinamento adequado e comunicação transparente sobre os benefícios da mudança. A criação de uma cultura de melhoria contínua, com reconhecimento e incentivo à participação ativa dos profissionais, também contribui para superar esse obstáculo.

3. Limitações Financeiras:

○ Hospitais muitas vezes enfrentam restrições financeiras, o que pode impactar diretamente a busca pela eficiência operacional. A falta de investimento em infraestrutura, tecnologia e treinamento adequado pode limitar as oportunidades de melhoria.

∘ A necessidade de equilibrar os custos operacionais com a qualidade do atendimento pode ser um desafio adicional na busca pela eficiência operacional.

Embora as limitações financeiras sejam desafiadoras, é possível buscar alternativas criativas para otimizar os recursos disponíveis. Parcerias estratégicas, adoção de soluções tecnológicas acessíveis e priorização de investimentos que tragam retorno a longo prazo são algumas das abordagens que podem ser exploradas.

4. Gerenciamento de Riscos e Segurança do Paciente:

∘ A garantia da segurança dos pacientes é uma prioridade fundamental em hospitais, mas pode apresentar desafios para a eficiência operacional. A implementação de medidas rigorosas de controle e prevenção de erros pode exigir tempo adicional e recursos, afetando a eficiência dos processos.

∘ O equilíbrio entre a eficiência operacional e a segurança do paciente requer uma abordagem cuidadosa e estratégias adequadas.

O gerenciamento de riscos e a segurança do paciente devem ser considerados como componentes essenciais da eficiência operacional. Implementar protocolos de segurança, capacitar a equipe para lidar com situações de risco e promover uma cultura de segurança são medidas importantes para garantir a eficácia dos processos operacionais sem comprometer a segurança do paciente.

Além dos desafios e obstáculos mencionados anteriormente, outros fatores importantes na busca pela eficiência operacional em hospitais são:

5. Equilíbrio entre Eficiência e Qualidade:

  ◦ É essencial encontrar o equilíbrio entre a eficiência operacional e a qualidade do atendimento. Enquanto a eficiência busca otimizar os processos e recursos, a qualidade se concentra na entrega de cuidados seguros e eficazes aos pacientes.

  ◦ É necessário garantir que as ações voltadas para a eficiência operacional não comprometam a qualidade dos serviços prestados. A busca pela eficiência deve ser realizada de forma estratégica, levando em consideração a experiência do paciente, os resultados clínicos e a satisfação geral.

6. Cultura Organizacional e Liderança:

  ◦ Uma cultura organizacional voltada para a eficiência operacional é fundamental para o sucesso da gestão hospitalar. Isso inclui o estabelecimento de valores e normas que promovam a eficiência, o trabalho em equipe, a inovação e a melhoria contínua.

◦ A liderança desempenha um papel crucial na criação e sustentação dessa cultura. Líderes hospitalares devem ser agentes de mudança, engajando e motivando a equipe, promovendo a colaboração e estabelecendo metas claras em direção à eficiência operacional.

7. Barreiras Tecnológicas:

◦ A adoção de tecnologias avançadas pode impulsionar a eficiência operacional em hospitais, mas também pode apresentar desafios. Barreiras tecnológicas podem incluir a falta de infraestrutura adequada, sistemas incompatíveis, resistência à utilização de novas ferramentas e custos de implementação.

◦ É necessário superar essas barreiras por meio de um planejamento estratégico, investimentos adequados em tecnologia, capacitação da equipe e um acompanhamento contínuo da evolução tecnológica.

Ao considerar o equilíbrio entre eficiência e qualidade, fortalecer a cultura organizacional, valorizar a liderança e superar as barreiras tecnológicas, os hospitais estarão mais preparados para enfrentar os desafios e obstáculos em sua jornada rumo à eficiência operacional. Esses aspectos devem ser abordados de forma integrada, buscando uma visão holística da gestão hospitalar e promovendo a excelência nos cuidados aos pacientes.

Conclusão: A identificação dos desafios e obstáculos para a eficiência operacional em hospitais é um passo importante para superá-los e alcançar uma gestão eficaz. É fundamental que os hospitais reconheçam esses desafios e desenvolvam estratégias para enfrentá-los, como a padronização de processos, o envolvimento dos profissionais de saúde, o investimento em tecnologia adequada e a busca contínua pela melhoria. Somente ao superar esses desafios, será possível alcançar uma eficiência operacional consistente, promovendo uma gestão hospitalar eficaz e de qualidade. Para isso, é necessário um esforço conjunto, envolvendo a liderança hospitalar, os profissionais de saúde, as equipes multidisciplinares e os demais stakeholders. Além disso, é importante estar aberto à inovação e às mudanças necessárias para enfrentar os desafios em constante evolução no ambiente hospitalar.

II-D

Estratégias para superar esses desafios

Para superar os desafios da eficiência operacional na gestão hospitalar, algumas estratégias podem ser adotadas:

1. Liderança engajada: É fundamental ter líderes comprometidos e engajados com a busca pela eficiência operacional. Eles devem promover uma cultura de melhoria contínua, incentivar a participação e o envolvimento dos profissionais de saúde e estabelecer metas claras.

2. Comunicação e colaboração: Promover uma comunicação efetiva entre os diferentes setores e equipes do hospital, garantindo a troca de informações e conhecimentos. Estabelecer canais de comunicação adequados, como reuniões regulares, sistemas de mensagens instantâneas e compartilhamento de documentos.

3. Capacitação e treinamento: Investir em programas de capacitação e treinamento para os profissionais de saúde, a fim de atualizá-los sobre as melhores práticas, tecnologias e métodos de trabalho mais eficientes. Isso ajudará a superar a resistência à mudança e a promover uma equipe mais preparada e engajada.

4. Análise de processos e melhoria contínua: Realizar mapeamento e análise detalhada dos processos hospitalares, identificando gargalos, ineficiências e oportunidades de melhoria. Implementar planos de ação para otimizar os processos, eliminando atividades desnecessárias, simplificando fluxos de trabalho e promovendo a padronização.

5. Uso de tecnologia: Explorar soluções tecnológicas, como sistemas de gestão hospitalares integrados, prontuário eletrônico do paciente, automação de processos e análise de dados. A tecnologia pode agilizar tarefas, reduzir erros, melhorar o acesso à informação e facilitar a comunicação entre os profissionais de saúde.

6. Gestão de mudanças: Implementar estratégias efetivas de gestão de mudanças, envolvendo todos os níveis da organização. Comunicar claramente os benefícios da eficiência operacional, envolver os profissionais de saúde desde o início e oferecer suporte durante o processo de transição.

7. Monitoramento e avaliação: Estabelecer indicadores de desempenho relevantes e realizar monitoramento regular para avaliar a eficácia das ações implementadas. Realizar análises periódicas para identificar áreas de melhoria e ajustar as estratégias, conforme necessário.

Ao adotar essas estratégias, os desafios da eficiência operacional podem ser superados gradualmente, promovendo uma gestão hospitalar mais eficiente, com benefícios para pacientes, equipe e instituição.

II-E

Exploração das vantagens e benefícios de uma gestão eficiente em hospitais

Neste capítulo, exploraremos as vantagens e benefícios de uma gestão eficiente em hospitais. A gestão eficiente é fundamental para garantir a qualidade do atendimento, otimizar o uso dos recursos disponíveis e promover a sustentabilidade financeira das instituições de saúde. Analisaremos como uma gestão eficiente pode impactar positivamente diferentes aspectos do hospital, desde a experiência do paciente até a produtividade da equipe e a reputação da instituição.

Uma gestão eficiente em hospitais é fundamental para garantir a qualidade dos serviços de saúde, a sustentabilidade financeira e a satisfação dos pacientes. Neste capítulo, vamos explorar as vantagens e benefícios que uma gestão eficiente proporciona, destacando como ela pode impactar positivamente o desempenho e os resultados das instituições de saúde.

Melhoria na Qualidade do Atendimento

Uma gestão eficiente permite a otimização dos processos internos, resultando em uma maior eficácia e efetividade no atendimento aos pacientes. Isso se traduz em uma redução de erros, aumento da segurança do paciente, diminuição do tempo de espera, melhor comunicação entre equipes e um maior foco na individualização dos cuidados.

A implementação de protocolos e diretrizes baseados em evidências, a utilização de tecnologias avançadas e a capacitação adequada dos profissionais de saúde são elementos-chave para promover uma gestão eficiente e aprimorar a qualidade do atendimento.

Aumento da Eficiência Operacional

Uma gestão eficiente visa eliminar desperdícios, reduzir custos e otimizar a utilização de recursos, resultando em um aumento da eficiência operacional. Isso se traduz em um melhor aproveitamento do tempo, redução de retrabalhos, eliminação de processos desnecessários e uma melhor gestão do estoque e dos suprimentos hospitalares.

A aplicação de metodologias como Lean Healthcare e Six Sigma, a automação de processos e a utilização de sistemas integrados de gestão contribuem para a melhoria da eficiência operacional em hospitais.

Sustentabilidade Financeira

Uma gestão eficiente tem um impacto direto na sustentabilidade financeira dos hospitais. Ao reduzir desperdícios e custos desnecessários, é possível otimizar a utilização dos recursos financeiros disponíveis, garantindo uma melhor alocação dos investimentos.

A gestão eficiente também pode levar a um aumento na arrecadação, por meio de uma melhor cobrança de serviços prestados, negociação de contratos mais favoráveis e uma maior captação de recursos externos.

Melhoria na Experiência do Paciente

Uma gestão eficiente contribui para uma experiência do paciente mais positiva. A redução de tempo de espera, a agilidade no atendimento, a comunicação clara e eficaz, o envolvimento dos pacientes nas decisões relacionadas à sua saúde e a oferta de serviços personalizados são aspectos que impactam diretamente na satisfação e na percepção de qualidade por parte dos pacientes.

A utilização de tecnologias de comunicação e monitoramento, o desenvolvimento de programas de acolhimento e a adoção de estratégias de humanização no atendimento são práticas que promovem uma experiência do paciente mais satisfatória.

Otimização dos Recursos

Uma gestão eficiente permite a otimização dos recursos disponíveis, sejam eles humanos, materiais ou financeiros. Isso envolve uma alocação adequada dos profissionais de saúde, o uso eficiente dos equipamentos e tecnologias, a gestão adequada do estoque de medicamentos e materiais, entre outros aspectos.

Ao otimizar os recursos, os hospitais podem atender um maior número de pacientes, oferecer uma gama mais ampla de serviços e melhorar a capacidade de resposta às demandas da comunidade.

Aumento da Produtividade e Eficiência

Uma gestão eficiente promove o aumento da produtividade e eficiência dos processos hospitalares. Isso significa realizar as tarefas de forma mais ágil, eliminando atividades desnecessárias, padronizando procedimentos e buscando a automação de processos repetitivos.

Com uma equipe mais produtiva e processos mais eficientes, os hospitais podem atender um maior volume de pacientes, reduzir o tempo de espera e melhorar a capacidade de resposta em situações de emergência.

Redução de Custos

A gestão eficiente contribui para a redução de custos operacionais nos hospitais. Ao eliminar desperdícios, melhorar o uso de recursos e otimizar os processos, é possível reduzir os gastos desnecessários.

Além disso, uma gestão eficiente permite uma negociação mais eficaz com fornecedores, a identificação de oportunidades de economia e a implementação de práticas sustentáveis que reduzem o consumo de energia, água e materiais

Fortalecimento da Reputação Institucional

Uma gestão eficiente contribui para o fortalecimento da reputação institucional do hospital. Através da entrega de serviços de qualidade, do cumprimento de prazos, da satisfação dos pacientes e da transparência na comunicação, o hospital ganha reconhecimento e confiança da comunidade.

Uma boa reputação institucional não apenas atrai mais pacientes, mas também fortalece parcerias com outras instituições de saúde, médicos especialistas e até mesmo os investidores, criando um ambiente propício para o crescimento e desenvolvimento contínuo do hospital.

Conclusão: Uma gestão eficiente em hospitais traz uma série de vantagens e benefícios que impactam positivamente o funcionamento da instituição. Ao focar na melhoria da qualidade do atendimento, na otimização dos recursos, no aumento da produtividade, na redução de custos e no fortalecimento da reputação institucional, os hospitais podem alcançar resultados significativos. Uma gestão eficiente permite a entrega de cuidados de alta qualidade, com maior eficiência e segurança para os pacientes. Além disso, contribui para a utilização adequada dos recursos disponíveis, evitando desperdícios e reduzindo custos operacionais.

Ao aumentar a produtividade da equipe, otimizar os processos e adotar tecnologias eficientes, os hospitais podem melhorar a eficiência operacional, garantindo um fluxo de trabalho mais suave e ágil. Isso não só beneficia os pacientes, mas também proporciona um ambiente de trabalho mais satisfatório para os profissionais de saúde, resultando em maior satisfação e engajamento.

Uma gestão eficiente também contribui para a sustentabilidade financeira das instituições de saúde, pois ajuda a identificar e reduzir custos desnecessários, redirecionando recursos para áreas prioritárias. Isso é especialmente importante em um contexto de recursos limitados e demandas crescentes por serviços de saúde.

Além disso, uma gestão eficiente fortalece a reputação institucional do hospital, transmitindo confiança para a comunidade, pacientes e stakeholders. Ao adotar práticas de qualidade, eficiência e transparência, o hospital se torna uma referência na prestação de cuidados de saúde, aumentando sua credibilidade e atraindo mais pacientes e parcerias estratégicas.

Em resumo, uma gestão eficiente em hospitais traz uma série de vantagens e benefícios, incluindo melhoria na qualidade do atendimento, otimização dos recursos, aumento da produtividade, redução de custos e fortalecimento da reputação institucional. Ao investir em práticas e estratégias de gestão eficientes, os hospitais estarão mais preparados para enfrentar os desafios do setor de saúde e proporcionar um atendimento de excelência, sustentável e centrado no paciente.

III

Mapeamento e análise de processos hospitalares

O mapeamento e análise de processos hospitalares desempenham um papel fundamental na busca pela eficiência operacional e melhoria contínua da qualidade dos serviços de saúde. Neste capítulo, exploraremos a importância do mapeamento e análise de processos, os benefícios que eles proporcionam e as principais etapas envolvidas nesse processo.

Definição de Mapeamento de Processos

O mapeamento de processos consiste em documentar e visualizar todas as etapas envolvidas em um determinado processo dentro do hospital, desde o início até o fim. Essa representação visual facilita a compreensão dos fluxos de trabalho, identificação de gargalos, pontos de melhoria e oportunidades de otimização.

Importância do Mapeamento de Processos Hospitalares

O mapeamento de processos hospitalares é essencial para identificar ineficiências, redundâncias, lacunas de comunicação e falhas nos fluxos de trabalho. Ele ajuda a compreender como as atividades estão interconectadas e como os recursos são utilizados em cada etapa do processo. Com um mapeamento claro dos processos, é possível promover uma melhor comunicação entre as equipes, eliminar atividades desnecessárias, padronizar procedimentos e identificar oportunidades de automação, resultando em uma melhoria significativa da eficiência operacional.

Etapas do Mapeamento de Processos Hospitalares

○ **Identificação dos processos-chave:** É necessário identificar quais processos serão mapeados e analisados. Isso pode incluir desde o processo de admissão de pacientes até a alta hospitalar, passando pelo gerenciamento de medicamentos, agendamento de consultas, realização de exames, entre outros.

○ **Levantamento de informações:** Nesta etapa, são coletadas informações sobre o processo, incluindo a participação de diferentes stakeholders, fluxo de atividades, recursos utilizados, tempos de execução e documentação existente.

○ **Mapeamento visual:** Com base nas informações coletadas, os processos são representados visualmente por meio de fluxogramas, diagramas de fluxo de processo ou outras técnicas gráficas. Essa representação facilita a compreensão e a análise do processo.

○ **Análise e identificação de melhorias:** Uma vez que os processos são mapeados, é possível realizar uma análise detalhada para identificar gargalos, pontos de melhoria, atividades redundantes ou desnecessárias. Essa análise pode ser feita com o apoio de indicadores de desempenho, como tempo de espera, taxa de retrabalho, entre outros.

○ **Implementação de melhorias:** Com base nas análises realizadas, são propostas e implementadas as melhorias necessárias nos processos hospitalares. Isso pode envolver a redefinição de atividades, redistribuição de tarefas, adoção de tecnologias ou automação de processos.

Benefícios do Mapeamento e Análise de Processos Hospitalares

○ **Melhoria da eficiência operacional:** O mapeamento e análise de processos permitem identificar e eliminar ineficiências, reduzindo o tempo de espera, retrabalho e desperdícios. Isso resulta em um aumento da produtividade, melhor utilização dos recursos disponíveis e maior agilidade nos fluxos de trabalho.

• **Melhoria da qualidade do atendimento:** Ao mapear e analisar os processos hospitalares, é possível identificar pontos de melhoria na qualidade dos serviços prestados. Isso inclui a padronização de procedimentos, a implementação de protocolos e diretrizes baseados em evidências, e a identificação de oportunidades de capacitação e treinamento para os profissionais de saúde.

• **Redução de custos:** O mapeamento de processos ajuda a identificar atividades desnecessárias, redundantes ou que geram desperdícios de recursos. Com base nessas informações, é possível realizar ajustes nos

48

processos, reduzindo custos operacionais, otimizando a utilização de recursos financeiros e melhorando a gestão dos estoques e suprimentos hospitalares.

• **Maior alinhamento entre equipes:** O mapeamento de processos facilita a compreensão das interações entre as diferentes equipes e profissionais envolvidos nos processos hospitalares. Isso promove um maior alinhamento, comunicação efetiva e colaboração entre as equipes, resultando em uma melhoria da coordenação e sinergia na prestação dos serviços de saúde.

• **Agilidade na tomada de decisão:** Com processos mapeados e bem compreendidos, os gestores têm acesso a informações claras e objetivas sobre o funcionamento dos processos hospitalares. Isso facilita a tomada de decisões estratégicas, a identificação de áreas críticas que exigem atenção e a implementação de melhorias de forma mais ágil e eficiente. Conclusão: O mapeamento e análise de processos hospitalares desempenham um papel fundamental na busca pela eficiência operacional, melhoria da qualidade do atendimento e redução de custos. Ao entender e visualizar claramente os fluxos de trabalho, os hospitais podem identificar ineficiências, eliminar atividades desnecessárias, padronizar procedimentos e implementar melhorias que contribuem para uma gestão eficaz e uma prestação de serviços de saúde de qualidade.

III-A

Métodos e Técnicas para Mapeamento de Processos em Hospitais

O mapeamento de processos é uma atividade fundamental na busca pela eficiência e melhoria contínua em hospitais. Neste capítulo, exploraremos métodos e técnicas que podem ser utilizados para mapear processos hospitalares de forma eficaz. Essas abordagens oferecem uma visão clara e compreensível dos fluxos de trabalho, permitindo a identificação de gargalos, ineficiências e oportunidades de otimização.

Diagrama de Fluxo de Processo (DFP)

∘ O DFP é uma das técnicas mais comumente utilizadas para mapear processos. Ele utiliza símbolos gráficos para representar as etapas do processo, as decisões tomadas, os pontos de entrada e saída de informações, além de fluxos de comunicação e documentação.

∘ Essa técnica oferece uma representação visual clara e estruturada dos processos hospitalares, facilitando a compreensão de todas as etapas envolvidas e suas interações.

Fluxograma

∘ O fluxograma é uma técnica que permite representar os processos hospitalares por meio de símbolos gráficos, linhas e setas que conectam as diferentes etapas do fluxo de trabalho. Ele destaca a sequência lógica das atividades, os pontos de decisão, os fluxos de informação e as áreas de responsabilidade.

◦ Essa técnica é especialmente útil para identificar gargalos, pontos de atraso e atividades que não agregam valor ao processo, permitindo uma análise mais detalhada e a busca por melhorias.

Análise de Valor Agregado (AVA)

◦ A AVA é uma técnica que avalia o valor agregado de cada etapa do processo em relação ao valor percebido pelo paciente. Ela ajuda a identificar atividades que não contribuem diretamente para a qualidade do atendimento e que podem ser eliminadas ou simplificadas.

◦ Essa abordagem permite uma análise mais focada nos aspectos mais relevantes para o paciente, direcionando os esforços para melhorias que realmente impactam sua experiência e satisfação.

Entrevistas e Observação de Processos

◦ As entrevistas e a observação direta dos processos são métodos valiosos para coletar informações detalhadas sobre como as atividades são realizadas na prática. Por meio de entrevistas com os profissionais envolvidos e da observação direta, é possível identificar lacunas, ineficiências e oportunidades de melhoria nos processos hospitalares.

∘ Essa abordagem permite capturar insights e percepções que não seriam facilmente identificados apenas com a análise documental, contribuindo para uma visão mais completa e precisa dos processos.

Benchmarking

∘ O benchmarking envolve a comparação dos processos hospitalares com os de outras instituições de referência. Essa técnica permite identificar melhores práticas, abordagens inovadoras e soluções adotadas por hospitais líderes em eficiência operacional.

∘ Ao analisar e adaptar essas práticas ao contexto do próprio hospital, é possível obter insights e sugestões para melhorar a eficiência dos processos e alcançar resultados semelhantes.

Modelagem de Processos

∘ A modelagem de processos envolve a criação de representações gráficas mais detalhadas dos processos, como diagramas de sequência, diagramas de atividades ou modelagem de processos BPMN (Business Process Model and Notation). Essas representações fornecem uma visão mais aprofundada das interações entre os diferentes elementos do processo.

∘ Essa técnica permite uma análise mais precisa dos fluxos de trabalho, a identificação de possíveis gargalos, a simulação de cenários e a realização de melhorias mais específicas e detalhadas.

Tecnologias de Automação de Processos

∘ O uso de tecnologias de automação de processos, como sistemas de gestão hospitalar, softwares de workflow e ferramentas de BPM (Business Process Management), pode facilitar o mapeamento e a análise de processos. Essas soluções permitem a captura de dados em tempo real, o monitoramento dos processos e a identificação de métricas-chave para análise e melhoria contínua.

∘ Ao integrar essas tecnologias aos processos hospitalares, é possível obter maior agilidade, padronização, rastreabilidade e automação de tarefas, contribuindo para a eficiência operacional.

Conclusão

O mapeamento de processos em hospitais requer a utilização de métodos e técnicas adequadas para capturar informações detalhadas e fornecer uma visão clara dos fluxos de trabalho. As abordagens mencionadas neste capítulo, como diagramas de fluxo de processos, fluxogramas, análise de valor agregado, entrevistas, observação, benchmarking, modelagem de processos e tecnologias de automação, oferecem ferramentas eficazes para entender, analisar e otimizar os processos hospitalares. Ao aplicar essas técnicas, os hospitais podem identificar ineficiências, gargalos e oportunidades de melhoria, permitindo uma gestão mais eficiente, aumento da qualidade do atendimento, redução de custos e uma melhor experiência para os pacientes. O mapeamento e análise de processos são atividades contínuas, que devem fazer parte da Cultura organizacional dos hospitais, visando a melhoria contínua e a busca pela excelência operacional.

III-B

Avaliação e análise crítica dos processos existentes, identificando gargalos e áreas de melhoria.

A avaliação e análise crítica dos processos hospitalares são etapas essenciais na busca pela eficiência operacional e melhoria contínua. Neste capítulo, discutiremos a importância dessa avaliação, destacando a identificação de gargalos e áreas de melhoria nos processos existentes. Essa análise crítica permite aos hospitais identificar oportunidades de otimização, aumentar a qualidade do atendimento, reduzir custos e melhorar a experiência do paciente.

Identificação de Gargalos

◦ A avaliação dos processos hospitalares tem como objetivo identificar gargalos, ou seja, pontos de estrangulamento que limitam a eficiência e fluidez dos fluxos de trabalho. Esses gargalos podem ser identificados por meio da análise de tempos de espera, excesso de etapas ou procedimentos burocráticos, falta de recursos adequados, falta de coordenação entre as equipes, entre outros fatores.

◦ Ao identificar esses gargalos, os hospitais podem direcionar seus esforços para encontrar soluções que melhorem a eficiência, reduzam a espera dos pacientes, otimizem a utilização dos recursos disponíveis e aumentem a capacidade de atendimento.

Análise de Fluxo de Trabalho

∘ A análise de fluxo de trabalho envolve a revisão detalhada dos processos hospitalares, etapa por etapa, buscando identificar possíveis ineficiências e áreas de melhoria. Isso pode ser feito por meio da observação direta, entrevistas com profissionais envolvidos, revisão de documentos e registros, entre outras técnicas.

∘ A análise de fluxo de trabalho permite identificar redundâncias, atividades desnecessárias, atrasos, lacunas na comunicação e falta de padronização. Com base nessas informações, os hospitais podem implementar medidas corretivas, simplificar os processos e melhorar a eficiência geral.

Coleta e Análise de Dados

∘ A coleta e análise de dados são fundamentais na avaliação dos processos hospitalares. Isso envolve a identificação e acompanhamento de indicadores relevantes, como tempo de espera, taxa de ocupação, taxa de erro, tempo de ciclo, entre outros.

∘ Por meio da coleta e análise de dados, os hospitais podem obter insights objetivos sobre o desempenho dos processos, identificar tendências, estabelecer metas de melhoria e monitorar o progresso ao longo do tempo.

Envolvimento das Equipes

◦ A análise crítica dos processos hospitalares deve ser um esforço colaborativo, envolvendo profissionais de diferentes áreas e níveis hierárquicos. Isso permite uma visão mais abrangente e diversificada dos processos, bem como o engajamento e comprometimento de todos os envolvidos.

◦ Ao envolver as equipes no processo de avaliação, é possível aproveitar seu conhecimento especializado, identificar desafios específicos de cada área e obter insights valiosos para aprimorar os processos hospitalares.

Implementação de Melhorias

◦ Após identificar os gargalos e áreas de melhoria nos processos hospitalares, é fundamental implementar as melhorias necessárias. Isso requer um plano de ação claro, que inclua etapas como definição de metas, alocação de recursos, estabelecimento de prazos e responsabilidades.

◦ As melhorias podem envolver a simplificação de procedimentos, a padronização de fluxos de trabalho, a adoção de tecnologias de suporte, a melhoria da comunicação entre as equipes, entre outras iniciativas. É importante que as mudanças sejam bem comunicadas e que haja um

acompanhamento adequado para garantir a efetividade das melhorias
implementadas.

Monitoramento e Avaliação Contínua

◦ Após a implementação das melhorias, é crucial monitorar e avaliar
continuamente os processos para verificar se as mudanças surtiram o
efeito desejado. Isso pode ser feito por meio de indicadores de
desempenho, feedback dos profissionais e dos pacientes, revisões
periódicas dos processos, entre outros métodos.

◦ O monitoramento contínuo permite identificar se novos gargalos
surgiram, se as melhorias estão sendo eficazes e se novas oportunidades
de otimização podem ser exploradas. A análise crítica dos processos
deve ser um processo contínuo, inserido na cultura organizacional do
hospital, visando a melhoria contínua e a adaptação às mudanças do
ambiente de saúde.

Conclusão: A identificação dos principais desafios e obstáculos para a
eficiência operacional em hospitais é um passo fundamental para
alcançar uma gestão eficaz. Os desafios podem envolver o equilíbrio
entre eficiência e qualidade, a cultura organizacional e liderança, bem
como as barreiras tecnológicas. No entanto, estratégias como a definição

de metas claras, o investimento em tecnologia adequada, a capacitação e engajamento dos colaboradores, e a melhoria contínua dos processos, podem ajudar a superar esses desafios e a alcançar a eficiência operacional desejada. É fundamental que as instituições de saúde estejam comprometidas em identificar, avaliar e solucionar esses desafios, a fim de oferecer serviços de qualidade, segurança e eficiência aos pacientes.

III-C

Estratégias para otimização de processos, incluindo a eliminação de desperdícios e a implementação de fluxos mais eficientes

Neste capítulo, exploraremos estratégias para otimização de processos em hospitais, com foco na eliminação de desperdícios e na implementação de fluxos mais eficientes. A busca pela eficiência operacional é essencial para garantir a qualidade do atendimento, a satisfação dos pacientes e a utilização adequada dos recursos disponíveis. Por meio da identificação e eliminação de desperdícios, bem como da implementação de fluxos mais eficientes, os hospitais podem melhorar a produtividade, reduzir custos e aumentar a qualidade dos serviços prestados.

Identificação de Desperdícios

○ A primeira etapa para otimizar os processos é identificar os desperdícios. Desperdícios são atividades, materiais ou recursos que não agregam valor ao paciente ou ao processo em si. Alguns exemplos comuns incluem esperas desnecessárias, excesso de burocracia, movimentação excessiva, retrabalho, inventário excessivo e uso inadequado de equipamentos.

○ A identificação dos desperdícios pode ser feita por meio de análise de processos, observação direta, feedback dos profissionais e dos pacientes, entre outras técnicas. É importante envolver as equipes que estão diretamente envolvidas nos processos, pois eles têm um conhecimento valioso sobre as atividades diárias e podem contribuir com insights relevantes.

Eliminação de Desperdícios

∘ Após identificar os desperdícios, é necessário implementar ações para eliminá-los. Existem diferentes abordagens que podem ser adotadas, como:

▪ **Simplificação de processos:** Eliminar etapas desnecessárias, reduzir a burocracia e simplificar os fluxos de trabalho.

▪ **Padronização**: Estabelecer procedimentos padronizados para evitar variações desnecessárias e aumentar a eficiência.

▪ **Automação:** Utilizar tecnologias e sistemas de informação para automatizar tarefas repetitivas e melhorar a precisão e velocidade do trabalho.

▪ **Treinamento e capacitação:** Investir na capacitação dos profissionais para que possam desempenhar suas atividades de forma eficiente e com qualidade.

▪ **Gerenciamento de estoque:** Implementar um sistema eficaz de gestão de estoque para evitar desperdícios de materiais e medicamentos.

▪ **Melhoria contínua:** Fomentar uma cultura de melhoria contínua, incentivando os profissionais a identificar e propor soluções para eliminar desperdícios em seus processos.

Implementação de Fluxos Mais Eficientes

◦ Além da eliminação de desperdícios, é essencial implementar fluxos mais eficientes. Isso envolve analisar e redesenhar os fluxos de trabalho, buscando simplificar, agilizar e otimizar as atividades.

◦ O mapeamento de processos, a análise de fluxo de valor e as técnicas de melhoria de processos, como Lean e Six Sigma, podem ser utilizados para identificar gargalos, identificar oportunidades de melhoria e implementar as mudanças necessárias. Algumas estratégias para implementação de fluxos mais eficientes incluem:

• **Redesenho de fluxos:** Identificar os pontos de congestionamento e retrabalho nos fluxos de trabalho existentes e redesenhá-los de forma a eliminar etapas desnecessárias e melhorar a sequência das atividades. Isso pode ser feito por meio da simplificação de procedimentos, da reorganização física dos espaços e da definição de responsabilidades claras.

• **Fluxo de informação:** Garantir uma comunicação clara e eficiente entre os membros da equipe, evitando atrasos e erros devido a informações desatualizadas ou mal interpretadas. O uso de tecnologias, como sistemas de informação integrados e prontuários eletrônicos, pode facilitar a troca de informações e agilizar os processos.

• **Fluxo de pacientes:** Reduzir o tempo de espera e melhorar o fluxo dos pacientes dentro do hospital, desde a admissão até a alta. Isso pode ser alcançado por meio de agendamentos eficientes, triagem adequada, fluxo contínuo de atendimento, encaminhamentos claros entre setores e otimização da utilização de recursos, como leitos e salas de exames.

• **Automação de processos:** Utilizar tecnologias e sistemas automatizados para agilizar tarefas manuais e repetitivas. Isso inclui o uso de softwares de gestão hospitalar, sistemas de agendamento online, automação de registros e processamento de dados, entre outros. A automação pode reduzir erros, melhorar a precisão e liberar os profissionais para atividades de maior valor agregado.

• **Monitoramento e melhoria contínua:** Estabelecer indicadores de desempenho e realizar monitoramento regular dos processos para identificar oportunidades de melhoria. A análise de dados e feedback dos profissionais e pacientes podem fornecer insights valiosos para aperfeiçoar os fluxos de trabalho e aumentar a eficiência operacional.

Conclusão: A otimização de processos em hospitais é fundamental para garantir uma gestão eficiente e oferecer um atendimento de qualidade aos pacientes. A identificação e eliminação de desperdícios, bem como a implementação de fluxos mais eficientes, contribuem para a melhoria da produtividade, redução de custos e aumento da satisfação dos pacientes.

É necessário um comprometimento organizacional em investir em estratégias de otimização de processos, envolvendo as equipes, utilizando ferramentas e técnicas apropriadas, e promovendo uma cultura de melhoria contínua. Com essas estratégias, os hospitais podem alcançar uma gestão mais eficiente, garantindo uma melhor utilização dos recursos disponíveis e um atendimento de excelência.

IV

Gerenciamento de Recursos e Capacidade

Neste capítulo, discutiremos a importância do gerenciamento de recursos e capacidade em hospitais, destacando como esses aspectos são fundamentais para garantir uma gestão eficiente e uma prestação de serviços de qualidade. O gerenciamento adequado de recursos, como pessoal, equipamentos e infraestrutura, aliado a uma análise cuidadosa da capacidade operacional, permite que os hospitais atendam às demandas dos pacientes de forma eficaz, maximizando o uso dos recursos disponíveis.

Planejamento e Alocação de Recursos

◦ O planejamento eficaz e a alocação adequada de recursos são essenciais para o funcionamento suave de um hospital. Isso envolve identificar as necessidades de recursos em termos de pessoal qualificado, equipamentos médicos, insumos, espaço físico e financiamento.

◦ É importante realizar uma análise criteriosa das demandas e prever as necessidades futuras, considerando fatores como sazonalidade, projeção de crescimento populacional, avanços tecnológicos e mudanças nas políticas de saúde. Com base nessa análise, os recursos devem ser alocados de forma eficiente, levando em conta as prioridades e a demanda por serviços médicos específicos.

Gerenciamento de Pessoal

◦ O gerenciamento adequado da equipe é vital para garantir a eficiência operacional e a qualidade dos serviços. Isso envolve o recrutamento e seleção adequados de profissionais qualificados, o treinamento contínuo para aprimoramento das habilidades, a definição clara de responsabilidades e a alocação adequada de pessoal em cada área ou departamento.

◦ Além disso, é importante considerar questões como a carga de trabalho, a distribuição equitativa de tarefas, o gerenciamento de horários e escalas de trabalho, bem como a motivação e engajamento dos profissionais de saúde. Um bom ambiente de trabalho, com comunicação efetiva e reconhecimento do desempenho, contribui para um melhor gerenciamento do pessoal e uma prestação de serviços de qualidade.

Gestão de Equipamentos e Infraestrutura

◦ A gestão eficiente dos equipamentos médicos e da infraestrutura é essencial para garantir a disponibilidade adequada e a utilização otimizada desses recursos. Isso inclui a manutenção regular, a calibração e o controle de qualidade dos equipamentos, bem como o planejamento adequado para a aquisição de novos equipamentos de acordo com as necessidades e avanços tecnológicos.

∘ Além disso, a infraestrutura física do hospital deve ser projetada e gerenciada de forma a atender às demandas atuais e futuras, considerando aspectos como a capacidade de leitos, salas de cirurgia, áreas de atendimento, fluxo de pacientes e acessibilidade.

Análise e Gerenciamento da Capacidade

A análise e o gerenciamento da capacidade são cruciais para garantir que o hospital possa atender à demanda de serviços de forma eficiente, evitando superlotação ou ociosidade excessiva. Isso envolve a análise das taxas de ocupação, o monitoramento do fluxo de pacientes, a previsão de demanda, a gestão de filas e a implementação de estratégias para ajustar a capacidade de acordo com as variações na demanda.

• A utilização de sistemas de agendamento e triagem eficientes pode ajudar a otimizar o fluxo de pacientes e reduzir o tempo de espera. Além disso, a implementação de políticas de gestão de leitos, como a alta hospitalar oportuna e o gerenciamento de internações, contribui para a eficiência operacional e o uso adequado dos recursos disponíveis.

• É importante também considerar a colaboração e coordenação entre os diferentes setores e serviços do hospital, a fim de garantir uma gestão integrada da capacidade e evitar gargalos ou desequilíbrios na distribuição de recursos.

Tecnologia e Automação

◦ A tecnologia desempenha um papel fundamental no gerenciamento eficiente de recursos e capacidade. O uso de sistemas de informação hospitalar, prontuários eletrônicos, softwares de gestão de leitos e ferramentas de análise de dados permite uma melhor visibilidade e controle sobre os recursos disponíveis, facilitando a tomada de decisões baseada em informações precisas e atualizadas.

◦ Além disso, a automação de processos, como a emissão de relatórios, a marcação de consultas, a gestão de estoques e o monitoramento de equipamentos, contribui para a eficiência operacional, reduzindo erros e liberando recursos humanos para atividades de maior valor agregado.

Conclusão: O gerenciamento eficiente de recursos e capacidade é fundamental para uma gestão hospitalar eficaz. Ao identificar e superar os desafios relacionados à alocação de recursos, gerenciamento de pessoal, utilização de equipamentos e análise da capacidade, os hospitais podem melhorar a eficiência operacional, otimizar a utilização dos recursos disponíveis e oferecer serviços de qualidade aos pacientes. A adoção de estratégias, como o uso de tecnologia e automação, permite um gerenciamento mais preciso e ágil, contribuindo para uma gestão hospitalar eficiente e eficaz.

IV-A

Gestão de recursos humanos: recrutamento, treinamento, desenvolvimento e engajamento da equipe hospitalar

Neste capítulo, abordaremos a importância da gestão de recursos humanos em hospitais, focando em aspectos como o recrutamento, treinamento, desenvolvimento e engajamento da equipe hospitalar. Reconhecendo a relevância dos profissionais de saúde para a eficiência operacional e a qualidade dos serviços prestados, discutiremos estratégias e práticas que podem ser adotadas para uma gestão eficaz dos recursos humanos.

Recrutamento de Profissionais Qualificados

∘ O recrutamento de profissionais qualificados é um passo crucial para garantir a excelência na prestação de serviços hospitalares. Isso envolve a definição clara das competências necessárias para cada cargo, a divulgação adequada das vagas, a realização de processos seletivos criteriosos e a avaliação dos candidatos com base em critérios técnicos e comportamentais.

∘ Além disso, é importante promover a diversidade e inclusão no recrutamento, visando a formação de equipes multidisciplinares e representativas da sociedade.

Treinamento e Desenvolvimento

∘ O treinamento contínuo e o desenvolvimento profissional são fundamentais para manter os profissionais atualizados e capacitados para lidar com os desafios do ambiente hospitalar. Isso inclui programas de capacitação, cursos, workshops, participação em conferências e o incentivo à educação continuada.

⚬ Além do desenvolvimento técnico, é importante investir no desenvolvimento das habilidades socioemocionais, como comunicação eficaz, trabalho em equipe, liderança e empatia, que são essenciais para o atendimento de qualidade.

Engajamento e Motivação

⚬ O engajamento e motivação dos profissionais são aspectos-chave para garantir um ambiente de trabalho saudável e produtivo. Isso pode ser alcançado por meio de práticas como reconhecimento do desempenho, valorização da contribuição individual e coletiva, promoção de um ambiente inclusivo, incentivos financeiros e benefícios adequados.

⚬ O estabelecimento de canais abertos de comunicação, a escuta ativa e a participação dos profissionais na tomada de decisões também contribuem para o engajamento e para um maior senso de pertencimento à equipe hospitalar.

Gestão de Conflitos e Retenção de Talentos

⚬ A gestão de conflitos é um aspecto importante da gestão de recursos humanos em hospitais. É necessário estabelecer mecanismos eficazes para lidar com conflitos interpessoais e promover a resolução pacífica e construtiva de divergências. O apoio psicossocial aos profissionais também deve ser considerado, uma vez que o trabalho em ambiente hospitalar pode ser estressante e emocionalmente desafiador.

○ A retenção de talentos também é fundamental para garantir a estabilidade e a continuidade dos serviços hospitalares. Isso envolve a criação de um plano de carreira, oportunidades de crescimento, programas de mentoring e o estímulo à valorização interna dos profissionais.

Conclusão

A gestão eficaz dos recursos humanos em hospitais é essencial para promover a eficiência operacional e a qualidade dos serviços de saúde. O recrutamento de profissionais qualificados, o treinamento e desenvolvimento contínuos, o engajamento e motivação da equipe, e a gestão de conflitos e retenção de talentos são elementos-chave dessa gestão.

Ao recrutar profissionais qualificados, os hospitais podem garantir que a equipe tenha as habilidades técnicas e comportamentais necessárias para desempenhar suas funções de forma eficiente. Além disso, a promoção da diversidade e inclusão no recrutamento contribui para a formação de equipes mais representativas e culturalmente sensíveis.

O treinamento e desenvolvimento contínuos permitem que os profissionais se atualizem em relação às últimas práticas e tecnologias médicas, fortalecendo suas competências e aprimorando sua capacidade de atendimento. Isso resulta em uma equipe mais preparada e confiante, capaz de enfrentar os desafios e proporcionar cuidados de qualidade aos pacientes.

O engajamento e motivação dos profissionais são fatores-chave para a criação de um ambiente de trabalho positivo. Reconhecer e valorizar o desempenho dos profissionais, promover uma cultura de colaboração e proporcionar oportunidades de crescimento e desenvolvimento são estratégias eficazes para manter a equipe engajada e comprometida.

A gestão de conflitos é essencial para lidar com as tensões e divergências que podem surgir no ambiente hospitalar. Estabelecer canais de comunicação abertos, promover a resolução pacífica de conflitos e oferecer suporte psicossocial aos profissionais são práticas que contribuem para a manutenção de um clima organizacional saudável e produtivo.

Por fim, a retenção de talentos é crucial para evitar a perda de profissionais qualificados e experientes. Ao criar um ambiente que valoriza o crescimento profissional, oferece oportunidades de progressão na carreira e reconhece o potencial interno, os hospitais podem manter a equipe engajada e reduzir a rotatividade de pessoal.

Em resumo, a gestão de recursos humanos, eficaz em hospitais é fundamental para garantir uma equipe capacitada, motivada e comprometida.

IV-B

Gerenciamento de recursos materiais: estoque, suprimentos e logística

Este capítulo aborda a importância do gerenciamento de recursos materiais em hospitais, com foco no estoque, suprimentos e logística. Reconhecendo que a disponibilidade adequada de materiais e suprimentos é essencial para o funcionamento eficiente e a qualidade dos serviços de saúde, discutiremos estratégias e práticas para um gerenciamento eficaz desses recursos.

Gestão de Estoques

◦ A gestão de estoques é fundamental para garantir a disponibilidade adequada de materiais e suprimentos, evitando tanto a falta quanto o excesso de estoque. Isso envolve o monitoramento regular do estoque, a previsão da demanda com base em dados históricos e a definição de níveis de estoque de segurança.

◦ Além disso, a utilização de sistemas de informação hospitalar e ferramentas de gestão de estoques pode facilitar o controle e a rastreabilidade dos itens, permitindo uma reposição oportuna e eficiente.

Suprimentos e Aquisições

◦ O processo de aquisição de suprimentos envolve a identificação das necessidades, a pesquisa de fornecedores confiáveis, a negociação de contratos e a realização de pedidos. É importante estabelecer critérios claros para a seleção de fornecedores, considerando aspectos como qualidade, prazo de entrega e custo.

◦ A centralização das compras e a padronização de itens também podem contribuir para a eficiência na gestão de suprimentos, reduzindo a complexidade e os custos associados.

Logística e Distribuição

◦ A logística desempenha um papel crucial na gestão de recursos materiais em hospitais. Isso inclui a gestão do transporte, armazenamento e distribuição dos materiais de forma eficiente e segura. Estratégias como a utilização de sistemas de informação para rastreamento de pedidos, a otimização de rotas de entrega e a colaboração com empresas de logística especializadas podem melhorar a eficiência nesse processo.

◦ A gestão adequada do fluxo de materiais entre os diferentes setores e unidades do hospital também é essencial para evitar atrasos e garantir a disponibilidade dos suprimentos nos momentos necessários.

Controle de Qualidade e Rastreabilidade

◦ O controle de qualidade dos materiais e suprimentos é crucial para garantir a segurança e eficácia dos produtos utilizados nos serviços de saúde. Isso envolve a verificação da conformidade com as normas e regulamentos, a inspeção dos produtos recebidos e o monitoramento da qualidade ao longo do tempo.

A rastreabilidade dos materiais

por meio de sistemas de identificação e codificação adequados, permite o rastreamento dos produtos desde a sua origem até o uso final, facilitando a identificação e retirada de itens defeituosos ou sujeitos a recall.

Conclusão: O gerenciamento eficaz de recursos materiais em hospitais, abrangendo o estoque, suprimentos e logística, é fundamental para garantir a disponibilidade adequada de materiais e suprimentos, evitando desperdícios, atrasos e interrupções nos serviços de saúde. Ao adotar estratégias e práticas de gerenciamento de estoques, suprimentos e logística, os hospitais podem colher uma série de benefícios:

1. Redução de custos: Um gerenciamento eficiente dos recursos materiais permite a otimização dos estoques, evitando a aquisição excessiva de itens desnecessários e reduzindo custos de armazenagem. Além disso, a negociação adequada com fornecedores e a padronização de itens podem resultar em melhores acordos comerciais e preços mais competitivos.

2. Melhoria na qualidade do atendimento: A disponibilidade oportuna de materiais e suprimentos necessários para o atendimento aos pacientes contribui para a prestação de serviços de qualidade. Isso inclui desde medicamentos e equipamentos médicos até materiais de uso diário, como luvas e gazes. Uma gestão eficiente evita a falta de itens essenciais, garantindo a segurança e eficácia dos tratamentos.

3. Aumento da eficiência operacional: Ao eliminar gargalos logísticos, como atrasos na entrega de suprimentos ou falta de coordenação entre os setores, os hospitais podem melhorar a eficiência dos processos internos. Isso resulta em fluxos de trabalho mais suaves, redução de tempos de espera e otimização do tempo dos profissionais de saúde, permitindo um atendimento mais ágil e eficiente aos pacientes.

4. Redução de erros e desperdícios: Uma gestão adequada dos recursos materiais contribui para a redução de erros e desperdícios. Isso envolve a identificação de itens obsoletos, a implementação de práticas de controle de validade e a garantia de um descarte adequado de materiais vencidos ou danificados. Além disso, processos eficientes de rastreabilidade permitem a rápida identificação e retirada de produtos com problemas de qualidade.

5. Maior satisfação dos pacientes: Um gerenciamento eficiente dos recursos materiais resulta em um atendimento mais ágil, seguro e de qualidade. Isso contribui para a satisfação dos pacientes, que se sentem bem atendidos, confiantes e cuidados em suas necessidades de saúde.

Conclusão: O gerenciamento eficiente de recursos materiais em hospitais, abrangendo o estoque, suprimentos e logística, desempenha um papel crucial na garantia da disponibilidade oportuna e adequada de

materiais e suprimentos necessários para o atendimento aos pacientes.

Além dos benefícios financeiros, a melhoria na qualidade do

atendimento, aumento da eficiência operacional, redução de erros e

desperdícios, e a satisfação dos pacientes são resultados alcançados por

meio de uma gestão eficaz. Portanto, investir em estratégias e práticas

que promovam um gerenciamento eficiente é fundamental para o sucesso

e excelência dos serviços de saúde prestados pelos hospitais.

IV-C

Otimização da capacidade de atendimento, incluindo gestão de leitos, salas cirúrgicas e equipamentos

Este capítulo aborda a importância da otimização da capacidade de atendimento em hospitais, com foco na gestão de leitos, salas cirúrgicas e equipamentos. Reconhecendo que a eficiência e disponibilidade desses recursos são fundamentais para garantir a prestação de serviços de saúde de qualidade, discutiremos estratégias e práticas para uma gestão eficaz e otimizada.

Gestão de Leitos

∘ A gestão de leitos é essencial para garantir uma utilização eficiente e adequada dos espaços disponíveis. Isso envolve o monitoramento da ocupação dos leitos, a previsão da demanda, o planejamento de altas hospitalares e a coordenação com os diferentes serviços e especialidades.

∘ Estratégias como a implantação de sistemas de gestão de leitos, a definição de critérios claros para a alocação e transferência de pacientes, e a implementação de protocolos de alta precoce podem contribuir para uma gestão mais eficiente e redução de tempos de espera.

Gestão de Salas Cirúrgicas

∘ A gestão eficaz das salas cirúrgicas é fundamental para otimizar a capacidade de atendimento e reduzir atrasos. Isso inclui o planejamento adequado das cirurgias, a programação eficiente dos horários, a coordenação com a equipe médica e de enfermagem, e a disponibilidade de recursos e materiais necessários.

○ Estratégias como a implementação de sistemas de agendamento cirúrgico, a padronização de processos e a análise de tempos de setup podem contribuir para a redução de tempos ociosos e maximização da capacidade das salas cirúrgicas.

Gestão de Equipamentos

○ A gestão adequada dos equipamentos médicos é essencial para garantir a disponibilidade e funcionalidade dos mesmos. Isso envolve o controle do inventário, a manutenção preventiva, a calibração regular e a substituição quando necessário.

○ Estratégias como a implementação de sistemas de rastreamento de equipamentos, a definição de responsabilidades claras e a adoção de boas práticas de manutenção podem contribuir para uma gestão mais eficiente, evitando a falta de equipamentos e reduzindo o tempo de espera dos pacientes.

Gestão de Fluxo de Pacientes

○ Uma gestão eficiente do fluxo de pacientes contribui para a otimização da capacidade de atendimento. Isso envolve a análise e melhoria dos processos de admissão, triagem, encaminhamento e alta, visando reduzir tempos de espera, minimizar congestionamentos e melhorar a experiência do paciente.

◦ Estratégias como a implantação de sistemas de prontuário eletrônico, a comunicação efetiva entre os profissionais de saúde e a coordenação entre os diferentes setores e unidades hospitalares podem facilitar um fluxo de pacientes mais fluido e eficiente.

Conclusão

A otimização da capacidade de atendimento em hospitais, por meio da gestão eficiente de leitos, salas cirúrgicas e equipamentos, desempenha um papel crucial na prestação de serviços de saúde de qualidade. A gestão adequada desses recursos contribui para a redução de tempos de espera, maximização da utilização dos espaços disponíveis, aumento da produtividade e melhoria da experiência dos pacientes.

Ao adotar estratégias de gestão eficazes, como o uso de tecnologias e sistemas de informação, a definição de protocolos e fluxos de trabalho claros, a coordenação entre as equipes multidisciplinares e a análise contínua dos processos, é possível superar os desafios inerentes à otimização da capacidade de atendimento em hospitais.

Além disso, uma gestão eficiente nesta área resulta em benefícios significativos, tais como:

1. **Redução de tempos de espera**: Uma melhor gestão de leitos, salas cirúrgicas e equipamentos permite uma alocação mais eficiente dos recursos, reduzindo os tempos de espera dos pacientes e agilizando o atendimento.

2. Aumento da capacidade de atendimento: Ao otimizar a utilização dos recursos disponíveis, os hospitais podem aumentar sua capacidade de atendimento sem a necessidade de investimentos adicionais em infraestrutura.

3. Melhoria na qualidade do atendimento: Com uma gestão eficiente, é possível oferecer um atendimento mais ágil, seguro e de qualidade aos pacientes, atendendo às suas necessidades de forma mais efetiva.

4. Redução de custos operacionais: A otimização da capacidade de atendimento resulta em uma utilização mais eficiente dos recursos, o que pode levar a uma redução de custos operacionais, como gastos com manutenção, aquisição de equipamentos e utilização de leitos.

5. Aumento da satisfação dos pacientes e colaboradores: Uma gestão eficiente contribui para uma experiência positiva tanto para os pacientes quanto para os colaboradores, promovendo um ambiente de trabalho mais organizado, fluxos de atendimento mais fluidos e uma maior satisfação geral.

Conclusão: A otimização da capacidade de atendimento em hospitais por meio de uma gestão eficiente de leitos, salas cirúrgicas e equipamentos é fundamental para a prestação de serviços de saúde de qualidade. Ao identificar e superar os desafios e obstáculos relacionados a essa área, os hospitais podem colher os benefícios de uma capacidade de atendimento maximizada, redução de tempos de espera, aumento da eficiência operacional, melhoria na qualidade do atendimento e satisfação dos pacientes e colaboradores. É essencial investir em estratégias e práticas que promovam uma gestão eficaz nessa área, visando garantir a excelência no cuidado com a saúde dos pacientes.

V

Tecnologia e automação na eficiência operacional hospitalar

Este capítulo aborda o papel crucial da tecnologia e automação na busca pela eficiência operacional em hospitais. A adoção de soluções inovadoras tem se mostrado essencial para otimizar processos, melhorar a qualidade do atendimento e aprimorar a gestão hospitalar como um todo.

Sistemas de Gestão Hospitalar

◦ A implementação de sistemas de gestão hospitalar integrados permite a automatização de diversas tarefas administrativas e operacionais. Isso inclui funções como agendamento de consultas, gestão de prontuários eletrônicos, controle de estoques, faturamento e gestão de recursos humanos.

◦ Esses sistemas permitem o acesso rápido a informações relevantes, reduzindo erros e retrabalhos, agilizando processos e facilitando a tomada de decisões baseada em dados.

Automação de Processos

◦ A automação de processos hospitalares visa eliminar tarefas manuais repetitivas e burocráticas por meio do uso de tecnologias. Isso pode incluir a automação de agendamentos, coleta de dados, monitoramento de pacientes, dispensação de medicamentos e até mesmo a realização de cirurgias assistidas por robôs.

∘ A automação de processos permite aumentar a eficiência, reduzir erros, minimizar a dependência de recursos humanos e liberar tempo para que os profissionais de saúde se concentrem em atividades de maior valor agregado.

Telemedicina e Saúde Digital

∘ A telemedicina e a saúde digital têm se tornado cada vez mais importantes na eficiência operacional hospitalar. Essas tecnologias permitem a realização de consultas médicas remotas, monitoramento de pacientes à distância, troca de informações entre profissionais de saúde e acesso a registros médicos eletrônicos.

∘ Essas soluções proporcionam uma maior acessibilidade aos cuidados de saúde, reduzem a necessidade de deslocamento dos pacientes, agilizam o fluxo de informações e permitem um acompanhamento mais próximo e contínuo dos pacientes.

Inteligência Artificial e Análise de Dados

∘ A aplicação de técnicas de inteligência artificial e análise de dados pode trazer benefícios significativos para a eficiência operacional hospitalar. Essas tecnologias permitem a identificação de padrões, previsão de demandas, detecção precoce de doenças, análise de resultados e tomada de decisões mais embasadas.

◦ Com o uso de algoritmos avançados e análise de grandes volumes de dados, é possível otimizar processos, alocar recursos de forma mais eficiente, personalizar o tratamento de pacientes e melhorar a gestão de riscos.

Conclusão: A tecnologia e a automação desempenham um papel fundamental na eficiência operacional hospitalar, permitindo melhorias significativas nos processos, na qualidade do atendimento e na gestão como um todo. A implementação de sistemas de gestão integrados, automação de processos, telemedicina, saúde digital, inteligência artificial e análise de dados proporcionam benefícios como redução de erros, agilidade nos processos

V-A

Utilização de sistemas de informação e tecnologia para aprimorar processos e agilizar fluxos de trabalho

Neste capítulo, abordaremos a importância da utilização de sistemas de informação e tecnologia na busca pela eficiência operacional e agilidade nos fluxos de trabalho em hospitais. A adoção dessas ferramentas permite a automatização de processos, a integração de dados e a melhoria da comunicação entre os diversos setores hospitalares, resultando em benefícios significativos para a gestão hospitalar como um todo.

Implementação de Sistemas de Gestão Integrados

◦ A utilização de sistemas de gestão integrados, como um Sistema de Gestão Hospitalar (HIS), proporciona uma plataforma única para gerenciar informações e processos hospitalares.

◦ Esses sistemas permitem a centralização de dados, desde o agendamento de consultas até o faturamento, facilitando o acesso rápido e seguro às informações necessárias para tomada de decisões eficientes.

Automação de Processos

◦ A automação de processos por meio de sistemas de informação contribui para a eliminação de tarefas manuais e repetitivas, reduzindo erros e agilizando os fluxos de trabalho.

◦ Processos como:

- agendamento de consultas

- solicitação de exames

- controle de estoque e emissão de laudos

podem ser automatizados, resultando em uma maior eficiência operacional.

Integração de Dados e Comunicação Efetiva

∘ A utilização de sistemas de informação integrados possibilita a integração de dados provenientes de diferentes áreas do hospital, promovendo uma visão holística e atualizada do paciente.

∘ Além disso, a comunicação efetiva entre os profissionais de saúde é facilitada, permitindo o compartilhamento de informações relevantes de forma rápida e segura.

Utilização de Dispositivos Móveis e Tecnologias Portáteis

∘ A adoção de dispositivos móveis, como tablets e smartphones, aliada a aplicativos e softwares especializados, permite que os profissionais de saúde acessem informações importantes em tempo real, mesmo quando estão fora do escritório.

∘ Essa mobilidade facilita a tomada de decisões ágeis, reduz a dependência de papéis e melhora a comunicação entre a equipe.

Análise de Dados e Inteligência Artificial

∘ A análise de dados por meio de ferramentas de Business Intelligence e o uso de técnicas de inteligência artificial proporcionam insights valiosos para a gestão hospitalar.

◦ Com a identificação de padrões e tendências, é possível tomar decisões baseadas em evidências, prever demandas futuras, otimizar recursos e melhorar a qualidade do atendimento.

Conclusão: A utilização de sistemas de informação e tecnologia desempenha um papel fundamental na otimização dos processos e agilização dos fluxos de trabalho em hospitais. A implementação de sistemas integrados, automação de processos, integração de dados, comunicação efetiva, uso de dispositivos móveis e análise de dados permite uma gestão mais eficiente, tomada de decisões embasadas e melhoria da qualidade do atendimento. Investir em soluções tecnológicas é essencial.

Os desafios enfrentados pela gestão hospitalar e buscar constantemente a melhoria dos serviços prestados aos pacientes.

Além disso, a utilização de sistemas de informação e tecnologia também traz benefícios como a redução de erros, o aumento da segurança do paciente, a otimização do tempo e dos recursos, a melhoria da eficiência operacional e a maximização dos resultados financeiros. A automação de processos e a integração de dados permitem a realização de tarefas de forma mais rápida e precisa, evitando retrabalhos e melhorando a produtividade da equipe.

A comunicação efetiva entre os profissionais de saúde é fundamental para garantir uma gestão eficiente. A utilização de sistemas de comunicação eletrônica, como mensagens instantâneas e prontuários eletrônicos, permite a troca de informações de maneira ágil e segura, contribuindo para uma tomada de decisão mais rápida e efetiva.

A análise de dados e a aplicação de técnicas de inteligência artificial proporcionam uma visão mais ampla e detalhada do funcionamento do hospital. Ao analisar dados como tempo de espera, taxa de ocupação de leitos e produtividade dos profissionais, é possível identificar oportunidades de melhoria e tomar medidas corretivas. Além disso, a inteligência artificial pode auxiliar na identificação de padrões e no desenvolvimento de modelos preditivos, permitindo a antecipação de situações e a adoção de medidas preventivas.

Por fim, a tecnologia e a automação são fundamentais para a evolução da gestão hospitalar. A adoção de sistemas de informação e tecnologia não apenas melhora a eficiência operacional, mas também fortalece a qualidade do atendimento, promove a segurança do paciente e contribui para a sustentabilidade financeira do hospital.

Em resumo, a utilização de sistemas de informação e tecnologia é essencial para a eficiência operacional e aprimoramento da gestão hospitalar. Ao adotar essas ferramentas, os hospitais podem enfrentar os desafios do cenário atual, proporcionar uma experiência de atendimento mais satisfatória aos pacientes e garantir a excelência na prestação de serviços de saúde.

V-B

Automação de tarefas repetitivas e manuais para reduzir erros e aumentar a eficiência

Neste capítulo, discutiremos a importância da automação de tarefas repetitivas e manuais na gestão hospitalar. A automação tem se mostrado uma estratégia eficaz para reduzir erros humanos, aumentar a eficiência operacional e direcionar os recursos de forma mais inteligente. Veremos como a aplicação de tecnologias e sistemas automatizados pode trazer benefícios significativos para os processos hospitalares.

Identificação de Tarefas Repetitivas e Suscetíveis a Erros

∘ A primeira etapa para a automação é identificar as tarefas que consomem tempo e estão sujeitas a erros quando realizadas manualmente.

∘ Exemplos de tarefas incluem o preenchimento de formulários, a coleta de dados, a programação de consultas e a emissão de relatórios.

Escolha de Ferramentas e Sistemas Adequados

∘ Após a identificação das tarefas, é importante selecionar as ferramentas e sistemas adequados para a automação.

∘ Existem diversas opções disponíveis, como: softwares de gestão hospitalar, sistemas de agendamento online, leitores de código de barras e sistemas de registro eletrônico de saúde.

Integração de Sistemas

○ Para obter os melhores resultados, é essencial que os sistemas automatizados estejam integrados entre si e com os demais setores do hospital.

○ A integração permite a troca de informações em tempo real, evitando retrabalhos e erros de comunicação.

Benefícios da Automação de Tarefas

○ A automação de tarefas reduz a ocorrência de erros humanos, como falhas de digitação e esquecimentos.

○ Além disso, a automação aumenta a velocidade e a precisão dos processos, permitindo que as equipes hospitalares se concentrem em atividades mais complexas e de maior valor agregado.

Redução de Custos e Aumento da Eficiência

○ A automação de tarefas também traz benefícios financeiros, pois reduz a necessidade de contratação de mão de obra adicional e diminui os custos operacionais.

○ A eficiência aumentada resulta em um fluxo de trabalho mais suave, reduzindo gargalos e atrasos.

Adaptação e Capacitação da Equipe

◦ É importante envolver a equipe no processo de automação, fornecendo treinamentos adequados e auxiliando na transição para os novos sistemas.

◦ A capacitação permite que os colaboradores se familiarizem com as novas ferramentas e aproveitem ao máximo os benefícios da automação.

Conclusão

A automação de tarefas repetitivas e manuais desempenha um papel fundamental na gestão hospitalar, reduzindo erros, aumentando a eficiência e direcionando os recursos de forma mais inteligente. Ao identificar as tarefas adequadas, escolher as ferramentas adequadas, integrar sistemas, colher os benefícios da automação, reduzir custos e capacitar a equipe, os hospitais podem transformar seus processos e alcançar um novo nível de eficiência e qualidade na prestação de serviços de saúde. A automação permite que as equipes hospitalares foquem em atividades de maior valor agregado, como o atendimento direto aos pacientes, a análise de dados e a tomada de decisões estratégicas.

Além disso, a automação também traz benefícios tangíveis, como a redução de erros e retrabalhos, o aumento da produtividade e a agilidade na execução das tarefas. Com a eliminação de tarefas manuais e repetitivas, os profissionais de saúde podem se dedicar a atividades que exigem habilidades específicas e conhecimento especializado.

A tecnologia desempenha um papel fundamental na automação de tarefas hospitalares. Sistemas de gestão hospitalar integrados, softwares de automação de fluxo de trabalho, dispositivos móveis e leitores de código de barras são algumas das ferramentas que podem ser utilizadas para automatizar processos e otimizar a rotina hospitalar.

No entanto, é importante ressaltar que a automação não deve ser encarada como uma substituição completa dos profissionais de saúde, mas sim como uma aliada para melhorar a eficiência e a qualidade dos serviços. A presença humana e o cuidado personalizado continuam sendo elementos essenciais na gestão hospitalar.

Para implementar a automação de forma eficaz, é necessário um planejamento cuidadoso, considerando as necessidades e peculiaridades de cada hospital. É importante envolver todos os stakeholders, desde os profissionais de saúde até os gestores, para garantir o sucesso da implementação e o engajamento de todos.

Em suma, a automação de tarefas repetitivas e manuais é uma estratégia poderosa para aumentar a eficiência operacional em hospitais. Ao identificar as oportunidades de automação, escolher as ferramentas adequadas, capacitar a equipe e promover a integração dos sistemas, os hospitais podem alcançar uma gestão mais eficiente, reduzir erros e retrabalhos, aumentar a produtividade e direcionar seus esforços para o cuidado e bem-estar dos pacientes.

V-C

Análise de dados e uso de ferramentas de Business Intelligence para tomada de decisões baseadas em evidências

Neste capítulo, exploraremos a importância da análise de dados e o uso de ferramentas de Business Intelligence na gestão hospitalar. A capacidade de coletar, analisar e interpretar dados permite que os gestores tomem decisões mais embasadas, baseadas em evidências concretas. Veremos como a análise de dados pode impulsionar a eficiência operacional, melhorar a qualidade do atendimento e otimizar a alocação de recursos nos hospitais.

Coleta e Organização de Dados

○ O primeiro passo é garantir a coleta adequada de dados relevantes para a gestão hospitalar.

○ Isso envolve a identificação de fontes de dados confiáveis, como sistemas de registro eletrônico de saúde, sistemas de gestão hospitalar e outros bancos de dados relevantes.

○ Os dados devem ser organizados de forma estruturada para facilitar a análise posterior.

Ferramentas de Business Intelligence

○ O uso de ferramentas de Business Intelligence, como painéis de controle e software de análise de dados, é fundamental para extrair insights valiosos dos dados coletados.

◦ Essas ferramentas permitem visualizar e analisar os dados de maneira intuitiva, identificando padrões, tendências e informações relevantes para a tomada de decisões.

Análise de Desempenho
◦ A análise de dados permite avaliar o desempenho dos processos hospitalares, identificando áreas de melhoria e oportunidades de otimização.

◦ Métricas e indicadores-chave de desempenho (KPIs) podem ser monitorados e comparados ao longo do tempo para acompanhar o progresso e identificar possíveis problemas.

Tomada de Decisões Baseadas em Evidências
◦ Com a análise de dados em mãos, os gestores hospitalares têm acesso a informações valiosas que os ajudam a tomar decisões embasadas em evidências.

◦ As decisões podem envolver a alocação de recursos, o planejamento estratégico, a implementação de melhorias nos processos e a definição de metas e objetivos.

Identificação de Oportunidades de Melhoria
◦ A análise de dados revela oportunidades de melhoria em diferentes áreas do hospital, como redução de custos, aumento da eficiência

operacional, melhorias na qualidade do atendimento e satisfação do paciente.

○ Os gestores podem identificar gargalos, pontos de estrangulamento e ineficiências nos processos, utilizando essas informações para implementar mudanças positivas.

Monitoramento e Avaliação Contínua

○ A análise de dados é um processo contínuo, que exige monitoramento e avaliação constantes.

○ Os gestores devem estabelecer métricas claras para acompanhar o progresso das ações implementadas e realizar ajustes conforme necessário.

Conclusão: A análise de dados e o uso de ferramentas de Business Intelligence têm um papel fundamental na gestão hospitalar moderna. A capacidade de coletar, analisar e interpretar dados permite tomar decisões mais embasadas, otimizar processos, melhorar a eficiência operacional e proporcionar um atendimento de maior qualidade aos pacientes. Ao utilizar ferramentas de análise de dados e Business Intelligence, os gestores hospitalares têm acesso a insights valiosos sobre o desempenho do hospital, identificando áreas de melhoria e oportunidades de otimização.

A análise de dados proporciona uma visão ampla e detalhada dos processos hospitalares, permitindo uma compreensão mais profunda do fluxo de trabalho, das atividades realizadas e dos resultados obtidos. Isso possibilita uma tomada de decisão mais informada e embasada, baseada em evidências concretas e não apenas em intuições ou suposições.

Além disso, a análise de dados ajuda a identificar tendências e padrões que podem passar despercebidos em uma análise superficial. Com uma visão mais ampla e aprofundada dos dados, os gestores podem antecipar problemas, identificar causas raiz e implementar soluções efetivas de forma proativa.

A utilização de ferramentas de Business Intelligence facilita o processo de análise de dados, tornando-o mais eficiente e acessível. Essas ferramentas permitem a criação de painéis de controles interativos, gráficos e relatórios personalizados, que fornecem informações relevantes de maneira clara e visualmente atraente. Isso ajuda os gestores a compreenderem rapidamente os dados e a comunicarem as informações de forma eficaz para suas equipes.

Com base na análise de dados, os gestores podem identificar gargalos nos processos, desperdícios de recursos, ineficiências operacionais e áreas que demandam melhorias. Isso possibilita a implementação de estratégias e ações corretivas direcionadas, visando otimizar o desempenho hospitalar, reduzir custos, melhorar a qualidade do atendimento e aumentar a satisfação dos pacientes.

No entanto, é importante ressaltar que a análise de dados por si só não garante resultados positivos. É fundamental que os gestores tenham uma cultura orientada para os dados, com equipes capacitadas na interpretação e uso adequado das informações obtidas. Além disso, é necessário um compromisso contínuo com a melhoria e a inovação, para que as descobertas da análise de dados sejam efetivamente aplicadas na prática.

Em conclusão, a análise de dados e o uso de ferramentas de Business Intelligence desempenham um papel crucial na gestão hospitalar, possibilitando uma tomada de decisão embasada em evidências e o aprimoramento dos processos hospitalares. Ao aproveitar o poder dos dados, os gestores podem identificar áreas de melhoria, implementar ações corretivas eficazes e direcionar seus recursos de forma mais eficiente, resultando em um atendimento de qualidade e eficiência superior aos pacientes.

VI

Melhoria contínua e gestão da qualidade

Neste capítulo, abordaremos a importância da melhoria contínua e da gestão da qualidade na eficiência operacional dos hospitais. A busca constante pela excelência e pela satisfação dos pacientes requer um foco contínuo na melhoria dos processos e na garantia da qualidade dos serviços prestados. Veremos como a melhoria contínua e a gestão da qualidade são fundamentais para otimizar a eficiência operacional e promover uma cultura de excelência nos hospitais.

Conceitos de Melhoria Contínua e Gestão da Qualidade

∘ A melhoria contínua é um processo sistemático de aprimoramento dos processos, práticas e resultados ao longo do tempo.

∘ A gestão da qualidade envolve o planejamento, controle e monitoramento dos processos para garantir que os serviços hospitalares atendam ou excedam as expectativas dos pacientes e padrões de qualidade estabelecidos.

Princípios da Melhoria Contínua e Gestão da Qualidade

∘ Os princípios da melhoria contínua e gestão da qualidade incluem o foco no cliente, a liderança engajada, a abordagem baseada em evidências, o envolvimento dos colaboradores e a melhoria sistemática dos processos.

Ciclo PDCA (Plan-Do-Check-Act)

◦ O ciclo PDCA é uma metodologia amplamente utilizada para a melhoria contínua. Ele envolve o planejamento das ações (Plan), a execução (Do), a verificação dos resultados (Check) e a implementação de melhorias (Act).

Ferramentas e Técnicas para Melhoria Contínua

◦ Existem várias ferramentas e técnicas disponíveis para auxiliar na melhoria contínua, como o mapeamento de processos, análise de causa raiz, diagrama de Ishikawa, brainstorming, análise SWOT, entre outras.

Gestão de Indicadores de Desempenho

◦ A gestão de indicadores de desempenho é essencial para monitorar a eficiência operacional e a qualidade dos serviços hospitalares.

◦ Indicadores como taxa de ocupação, tempo de espera, taxa de readmissão e taxa de infecção hospitalar podem ser utilizados para acompanhar o desempenho e identificar oportunidades de melhoria.

Engajamento dos Colaboradores

◦ O engajamento dos colaboradores é fundamental para promover a melhoria contínua e a gestão da qualidade.

◦ Incentivar a participação ativa dos funcionários, ouvindo suas sugestões e incentivando a troca de ideias, cria um ambiente propício à inovação e à busca constante por melhorias.

Certificações e Acreditações

◦ A busca por certificações e acreditações, como a ISO 9001 e a Acreditação Hospitalar, demonstra o comprometimento com a melhoria contínua e a excelência na prestação de serviços hospitalares.

Gestão de Riscos

◦ A gestão de riscos é um componente essencial da melhoria contínua e gestão da qualidade.

◦ Identificar e avaliar os riscos associados aos processos hospitalares permite a implementação de medidas preventivas e corretivas para mitigar esses riscos, garantindo a segurança dos pacientes, colaboradores e a integridade dos processos.

Feedback dos Pacientes

◦ O feedback dos pacientes desempenha um papel crucial na melhoria contínua e gestão da qualidade.

◦ Estabelecer mecanismos de coleta e análise de feedback dos pacientes, como pesquisas de satisfação e reclamações, permite identificar áreas de oportunidade e implementar ações corretivas para atender às expectativas dos pacientes.

Benchmarking e Boas Práticas

◦ O benchmarking é uma prática importante na busca pela melhoria contínua. Consiste na comparação do desempenho hospitalar com outras instituições de referência, identificando boas práticas e oportunidades de melhoria.

◦ A adoção de boas práticas de outras instituições e adaptação às necessidades do hospital contribui para a eficiência operacional e o aprimoramento da qualidade.

Conclusão: A melhoria contínua e a gestão da qualidade são fundamentais para o sucesso e a eficiência operacional dos hospitais. Ao adotar princípios de melhoria contínua, utilizar ferramentas e técnicas adequadas, engajar colaboradores, gerenciar indicadores de desempenho e buscar o feedback dos pacientes, os hospitais podem aprimorar seus processos, garantir a qualidade dos serviços prestados, otimizar recursos e promover uma cultura de excelência. A busca constante pela melhoria é um compromisso contínuo que beneficia tanto a instituição quanto os pacientes, resultando em um atendimento de qualidade e eficiência superior.

VI-A

Cultura de melhoria contínua e gestão da qualidade em hospitais.

Neste capítulo, discutiremos a importância da cultura de melhoria contínua e gestão da qualidade em hospitais. Uma cultura sólida, que valoriza a excelência e a busca constante por melhorias, é essencial para garantir a eficiência operacional, a segurança do paciente e a prestação de serviços de qualidade. Veremos como construir e promover uma cultura de melhoria contínua e gestão da qualidade em hospitais, envolvendo todos os níveis da organização.

Compreendendo a Cultura de Melhoria Contínua e Gestão da Qualidade

◦ A cultura de melhoria contínua é um conjunto de valores, crenças e comportamentos que promovem a busca constante por aprimoramento e excelência.

◦ A gestão da qualidade está intrinsecamente ligada a essa cultura, envolvendo a definição de metas, o estabelecimento de processos eficientes e a avaliação constante do desempenho para garantir a qualidade dos serviços hospitalares.

Liderança Engajada

◦ A liderança desempenha um papel fundamental na criação e sustentação de uma cultura de melhoria contínua e gestão da qualidade.

○ Os líderes devem estabelecer uma visão clara, comunicar a importância da qualidade e incentivar a participação de todos os membros da equipe.

Envolvimento dos Colaboradores

○ Promover a participação ativa dos colaboradores é essencial para construir uma cultura de melhoria contínua.

○ Incentivar a colaboração, ouvir as ideias e sugestões da equipe e envolvê-los na identificação de oportunidades de melhoria fortalece o senso de propriedade e responsabilidade.

Comunicação Efetiva

○ Uma comunicação efetiva é fundamental para disseminar a cultura de melhoria contínua e gestão da qualidade.

○ Os canais de comunicação devem ser transparentes, permitindo que informações relevantes sejam compartilhadas, ideias sejam trocadas e resultados sejam comunicados.

Educação e Capacitação

○ Investir na educação e capacitação dos colaboradores é essencial para promover a cultura de melhoria contínua e gestão da qualidade.

∘ Treinamentos e programas de desenvolvimento profissional fornecem as habilidades e conhecimentos necessários para implementar práticas de qualidade e melhorar os processos hospitalares.

Reconhecimento e Incentivo

∘ Reconhecer e recompensar os esforços e conquistas relacionados à melhoria contínua e gestão da qualidade fortalece a cultura organizacional.

∘ Incentivos, premiações e programas de reconhecimento demonstram o valor dado à busca pela excelência e motivam os colaboradores a continuarem contribuindo para a melhoria dos serviços hospitalares.

Monitoramento e Avaliação

∘ O monitoramento contínuo e a avaliação dos processos e resultados são essenciais para garantir que a cultura de melhoria contínua esteja sendo efetivamente implementada.

∘ A análise de indicadores de desempenho, o feedback dos pacientes e a realização de auditorias internas são ferramentas importantes para avaliar a eficácia das práticas de melhoria contínua e gestão da qualidade em hospitais.

Aprendizado e Inovação

◦ Uma cultura de melhoria contínua e gestão da qualidade incentiva o aprendizado e a inovação constantes.

◦ Os hospitais devem estar abertos a novas ideias, tecnologias e abordagens que possam otimizar os processos, melhorar a segurança do paciente e elevar os padrões de qualidade.

Gerenciamento de Riscos

◦ O gerenciamento de riscos é parte integrante da cultura de melhoria contínua e gestão da qualidade em hospitais.

◦ Identificar, avaliar e mitigar os riscos associados aos processos e procedimentos hospitalares contribui para a segurança dos pacientes e a eficiência operacional.

Sustentabilidade

◦ Uma cultura de melhoria contínua e gestão da qualidade deve ser sustentável a longo prazo.

◦ Os hospitais devem dedicar recursos e esforços contínuos para manter e aprimorar a cultura de melhoria, garantindo que ela faça parte do DNA organizacional.

Conclusão: Uma cultura de melhoria contínua e gestão da qualidade é essencial para o sucesso e a eficiência operacional dos hospitais. Ao promover liderança engajada, envolver os colaboradores, estabelecer uma comunicação efetiva, investir em educação e capacitação, reconhecer o trabalho bem-feito e monitorar constantemente os processos, os hospitais podem criar um ambiente propício à inovação, ao aprendizado e à busca constante pela excelência. A cultura de melhoria contínua e gestão da qualidade não apenas aprimora a qualidade dos serviços prestados, mas também fortalece a reputação da instituição, aumenta a confiança dos pacientes e colaboradores, e promove a eficiência e a sustentabilidade do hospital a longo prazo.

VI-B

Implementação de programas de qualidade, incluindo certificações e acreditações

A implementação de programas de qualidade é essencial para garantir a excelência dos serviços de saúde em hospitais. Neste capítulo, discutiremos a importância desses programas, incluindo certificações e acreditações, e como eles contribuem para a eficiência operacional e a gestão hospitalar.

Primeiramente, destacamos a necessidade de uma cultura de qualidade em hospitais, onde todos os colaboradores estejam engajados em fornecer um atendimento seguro e de alto padrão aos pacientes. A implementação de programas de qualidade estabelece diretrizes claras e metas a serem alcançadas, promovendo a melhoria contínua e a padronização dos processos.

Importância dos Programas de Qualidade em Hospitais:

A implementação de programas de qualidade em hospitais é essencial para promover a melhoria contínua dos serviços de saúde. Esses programas têm como objetivo principal garantir a segurança dos pacientes, a qualidade dos cuidados, a eficiência operacional e a satisfação dos pacientes e colaboradores.

Benefícios da Implementação de Programas de Qualidade

1. Melhoria da qualidade dos cuidados: Os programas de qualidade fornecem diretrizes e padrões rigorosos, contribuindo para a prestação de cuidados seguros e eficazes aos pacientes.

2. Segurança do paciente: A implementação de programas de qualidade ajuda a identificar e mitigar riscos, reduzindo eventos adversos e promovendo a segurança dos pacientes.

3. Eficiência operacional: Os programas de qualidade também visam otimizar os processos hospitalares, melhorando a eficiência operacional, reduzindo desperdícios e promovendo a utilização adequada de recursos.

4. Credibilidade e reputação: Certificações e acreditações reconhecidas internacionalmente conferem credibilidade e reforçam a reputação do hospital, atraindo pacientes, parceiros e profissionais qualificados.

5. Satisfação dos pacientes: A busca pela qualidade resulta em uma melhor experiência para os pacientes, aumentando sua satisfação e confiança nos serviços prestados pelo hospital.

Implementar programas de qualidade, incluindo certificações e acreditações, é um compromisso em oferecer o melhor atendimento possível aos pacientes. Esses programas proporcionam uma base sólida para aprimorar os processos, promover a segurança e elevar a qualidade dos cuidados de saúde.

Certificações e Acreditações em Hospitais

1. Certificações: As certificações são concedidas por organizações especializadas e reconhecidas internacionalmente. Elas atestam que o hospital adere a padrões e requisitos específicos de qualidade. Exemplos de certificações comuns incluem a ISO 9001, que se concentra na gestão da qualidade, e a ISO 14001, que trata de gestão ambiental.

2. Acreditações: As acreditações são concedidas por entidades independentes, como a Joint Commission International (JCI) e a Organização Nacional de Acreditação (ONA), e são consideradas um padrão de excelência em cuidados de saúde. Elas avaliam a qualidade e a segurança dos serviços prestados pelo hospital, incluindo aspectos como gestão de riscos, governança e processos clínicos.

A implementação de programas de qualidade em hospitais é uma jornada desafiadora, mas altamente recompensadora. Ao buscar certificações e acreditações reconhecidas, os hospitais demonstram seu compromisso com a prestação de serviços de saúde de alta qualidade, segurança e eficiência.

VI-C

Como é feito o processo de acreditação hospitalar

A acreditação hospitalar é o processo pelo qual uma organização de saúde, como um hospital, é avaliada em relação a padrões estabelecidos para garantir que estejam atendendo a determinados requisitos de qualidade e segurança. O objetivo da acreditação é melhorar a qualidade e segurança dos cuidados prestados pelo hospital e aumentar a credibilidade e reputação do hospital.

No geral, o processo de acreditação hospitalar é uma avaliação completa e rigorosa das operações e práticas de um hospital e envolve uma série de etapas para garantir que o hospital atenda aos padrões estabelecidos de qualidade e segurança.

Etapas envolvidas no processo de acreditação hospitalar

1. Início: Antes de buscar a acreditação, um hospital deve garantir que está atendendo a todos os requisitos regulatórios aplicáveis e que possui as políticas e procedimentos necessários para atender aos padrões de acreditação. Isso pode envolver a realização de uma autoavaliação, identificando áreas de melhoria e implementando as mudanças necessárias.

2. Solicitação e inscrição: O hospital interessado em obter a acreditação inicia o processo fazendo uma solicitação formal à organização de acreditação. Em seguida, é necessário preencher um formulário de inscrição e fornece informações sobre o hospital, sua estrutura, serviços e práticas junto a toda a documentação e taxas exigidas.

3. Preparação e autoavaliação: Nesta etapa, o hospital se prepara para o processo de acreditação, estabelecendo uma equipe responsável pela coordenação e realizando uma autoavaliação interna. A equipe revisa os padrões e requisitos de acreditação, avalia a conformidade do hospital em relação a esses critérios e identifica áreas que precisam ser aprimoradas.

4. Visita de avaliação: Uma equipe de avaliadores designada pela organização de acreditação visita o hospital para avaliar a conformidade com os padrões estabelecidos. Durante a visita, eles conduzem entrevistas com a equipe, revisam documentos e registros, observam os processos e verificam se o hospital atende aos requisitos de qualidade e segurança.

5. Relatório de avaliação: Após a visita, os avaliadores preparam um relatório de avaliação que descreve suas descobertas e recomendações. Esse relatório é compartilhado com o hospital, fornecendo uma avaliação detalhada da conformidade e identificando as áreas que requerem melhorias

6. Plano de ação e implementação de melhorias: Com base no relatório de avaliação, o hospital desenvolve um plano de ação para abordar as áreas que necessitam de melhorias. Esse plano envolve a implementação de medidas corretivas e aprimoramentos nos processos e práticas do hospital.

7. Segunda visita (se aplicável): Dependendo da organização de acreditação, pode ser necessária uma segunda visita para verificar a implementação das melhorias propostas e a conformidade contínua com os padrões.

8. Decisão de acreditação: Com base em todas as etapas anteriores, a organização de acreditação avalia se o hospital atende aos critérios de acreditação estabelecidos. Se o hospital cumprir os requisitos, receberá a certificação de acreditação por um período determinado. Caso contrário, será fornecido um feedback sobre as áreas que ainda precisam de aprimoramento para futura reconsideração.

9. Manutenção: Uma vez que um hospital tenha obtido a acreditação, ele deve manter a conformidade com os padrões de acreditação para manter sua acreditação. Isso normalmente envolve autoavaliação contínua e pesquisas periódicas para garantir que o hospital esteja atendendo aos padrões.

Principais acreditações e certificações hospitalares

Entre as diversas maneiras de comprovar a qualidade dos serviços de saúde, algumas se destacam. Veja algumas delas.

Certificações

- **ISO 9001:** A certificação ISO 9001 é focada na gestão da qualidade em uma ampla gama de setores, incluindo a área da saúde. Ela estabelece padrões para o sistema de gestão da qualidade de uma organização, garantindo que processos eficazes estejam em vigor para fornecer serviços consistentes e satisfatórios.

- **ISO 14001:** Embora não seja exclusivamente voltada para a saúde, a certificação ISO 14001 é relevante para hospitais e instituições de saúde preocupados com a gestão ambiental. Ela estabelece critérios para um sistema de gestão ambiental eficaz, ajudando a minimizar os impactos negativos no meio ambiente.

- **ISO 9000:** conjunto de normas relacionadas à gestão de qualidade, propostas pelo maior órgão de padronização do mundo;

- **OHSAS 18001:** norma internacional do Programa de Certificação para a Saúde e Segurança Ocupacional.

- **Certificação HIMSS EMRAM:** Focada na área de tecnologia da informação em saúde, a certificação HIMSS EMRAM (Electronic Medical Record Adoption Model) avalia o nível de adoção e utilização de registros médicos eletrônicos em hospitais. Ela classifica os hospitais em oito estágios, desde a implementação básica até o uso avançado e integrado de tecnologias de informação.

Acreditações

- **Joint Commission International (JCI):** Acreditação oferecida pela JCI, uma das organizações mais conhecidas e respeitadas no campo da saúde. A JCI avalia hospitais e organizações de saúde em todo o mundo com base em critérios rigorosos de qualidade e segurança.

- **Organização Nacional de Acreditação (ONA):** No Brasil, a ONA é uma entidade que realiza acreditação em diferentes níveis, incluindo ONA 1, ONA 2 e ONA 3. A ONA avalia hospitais e serviços de saúde com base em padrões estabelecidos de qualidade e segurança.

- **Accreditation Canada:** A Accreditation Canada é uma organização que realiza acreditação em hospitais e serviços de saúde no Canadá. Seu programa de acreditação aborda diversos aspectos, incluindo segurança do paciente, governança, gestão de riscos e qualidade dos serviços.

Toda acreditação e certificação hospitalar é, acima de tudo, um recurso duplo para firmar a autoridade da instituição de saúde e para maximizar a eficiência da gestão ao mesmo tempo.

A implementação de programas de qualidade em hospitais é uma jornada desafiadora, mas altamente recompensadora. Ao buscar certificações e acreditações reconhecidas, os hospitais demonstram seu compromisso com a prestação de serviços de saúde de alta qualidade, segurança e eficiência.

VI- D

Monitoramento e avaliação de resultados, feedback dos pacientes e gestão de reclamações

O monitoramento e avaliação de resultados desempenham um papel fundamental na gestão hospitalar eficiente. Neste capítulo, exploraremos a importância dessas práticas, destacando o feedback dos pacientes e a gestão de reclamações como ferramentas essenciais nesse processo.

O monitoramento de resultados envolve a coleta sistemática de dados e indicadores-chave de desempenho para avaliar o progresso e o impacto das ações implementadas. Isso permite que os gestores identifiquem áreas de sucesso, bem como áreas que requerem melhorias, proporcionando uma visão abrangente do desempenho do hospital.

A avaliação de resultados, por sua vez, consiste na análise crítica desses dados para entender a eficácia das estratégias e intervenções adotadas. Isso envolve comparar os resultados obtidos com as metas estabelecidas, identificar tendências e padrões, e realizar ajustes ou implementar novas abordagens, se necessário.

O feedback dos pacientes desempenha um papel crucial nesse processo, fornecendo informações valiosas sobre sua experiência e percepção do atendimento recebido. A coleta e análise sistemática desses dados permitem que os gestores compreendam as necessidades e expectativas dos pacientes, identifiquem pontos fortes e áreas de melhoria, e tomem ações para aprimorar a qualidade e a satisfação do paciente.

Além disso, a gestão de reclamações é uma parte integrante do monitoramento e avaliação de resultados. As reclamações dos pacientes oferecem insights valiosos sobre as falhas no sistema e fornecem a oportunidade de corrigir problemas, melhorar processos e fortalecer a confiança dos pacientes. A abordagem proativa para lidar com as reclamações e implementar ações corretivas demonstra o compromisso do hospital em oferecer um atendimento de qualidade e resolver eventuais insatisfações.

É importante destacar que o monitoramento e avaliação de resultados devem ser conduzidos de forma contínua e sistemática, utilizando-se de ferramentas e sistemas adequados para coleta e análise de dados. Isso permite que os gestores tenham uma visão atualizada do desempenho do hospital e tomem decisões informadas com base em evidências.

Ao implementar práticas de monitoramento e avaliação de resultados, os hospitais podem identificar oportunidades de melhoria, medir o impacto das ações implementadas e promover uma cultura de aprendizado e excelência. Isso leva a uma gestão hospitalar mais eficiente, com processos otimizados, maior satisfação do paciente e melhores resultados clínicos.

Em resumo, o monitoramento e avaliação de resultados, incluindo o feedback dos pacientes e a gestão de reclamações, desempenham um papel crucial na gestão hospitalar. Eles fornecem uma visão abrangente do desempenho do hospital, identificam áreas de melhoria e promovem a excelência no atendimento ao paciente. Ao adotar essas práticas, os hospitais podem aprimorar sua eficiência operacional, fortalecer sua reputação e proporcionar cuidados de saúde de qualidade e valor para a comunidade atendida.

O monitoramento e avaliação de resultados, o feedback dos pacientes e a gestão de reclamações são processos essenciais na gestão hospitalar. A seguir, serão apresentadas as etapas e melhores práticas para cada uma dessas atividades.

Monitoramento e avaliação de resultados

◦ Defina indicadores-chave de desempenho relevantes para a sua instituição, como taxa de ocupação de leitos, taxa de readmissão, tempo médio de espera, entre outros.

◦ Estabeleça metas realistas e mensuráveis para cada indicador.

◦ Implemente sistemas de coleta de dados eficientes e precisos, como registros eletrônicos de saúde.

◦ Realize análises periódicas dos dados coletados, comparando os resultados obtidos com as metas estabelecidas.

∘ Identifique áreas de sucesso e aquelas que requerem melhorias, buscando compreender as causas subjacentes dos resultados.

∘ Implementar ações corretivas e estratégias de melhoria com base nas análises realizadas.

∘ Monitore continuamente os indicadores para acompanhar o progresso e ajustar as estratégias, se necessário.

Feedback dos pacientes

∘ Estabeleça canais de comunicação efetivos para coletar o feedback dos pacientes, como pesquisas de satisfação, caixas de sugestões, questionários ou entrevistas.

∘ Garanta a confidencialidade e anonimato dos pacientes ao fornecer feedback.

∘ Analise os dados do feedback dos pacientes de forma sistemática e identifique padrões, tendências e áreas de melhoria.

∘ Priorize os aspectos que são mais relevantes para os pacientes e tenham um maior impacto na qualidade do atendimento.

∘ Desenvolva planos de ação para abordar as áreas de melhoria identificadas e comunique aos pacientes as medidas tomadas com base em seu feedback.

∘ Promova uma cultura de escuta ativa e aprendizado contínuo, incentivando a participação dos pacientes na melhoria dos serviços.

Gestão de reclamações

∘ Estabeleça um sistema formal para a gestão de reclamações, com canais claros e acessíveis para os pacientes registrarem suas queixas.

∘ Responda prontamente a todas as reclamações, demonstrando empatia e comprometimento em resolver os problemas.

∘ Registre e acompanhe todas as reclamações recebidas, documentando as ações tomadas para resolvê-las.

∘ Analise as reclamações de forma sistemática para identificar padrões ou problemas recorrentes.

∘ Utilize as reclamações como oportunidades de aprendizado e melhoria, implementando ações corretivas para evitar a repetição de problemas semelhantes.

∘ Mantenha os pacientes informados sobre o progresso das ações tomadas para resolver suas reclamações.

∘ Promova uma cultura de transparência e abertura, encorajando os funcionários a relatarem e abordarem prontamente as reclamações dos pacientes.

Lembrando que essas atividades devem ser realizadas de forma contínua e integrada à rotina operacional do hospital. A busca pela excelência na gestão hospitalar envolve ouvir os pacientes, monitorar os resultados e implementar ações de melhoria com base nas informações obtidas. Com

141

uma abordagem estruturada e focada na qualidade e segurança do atendimento, os hospitais podem aprimorar continuamente seus processos e serviços, proporcionando uma experiência positiva aos pacientes.

Para implementar efetivamente o monitoramento e avaliação de resultados, o feedback dos pacientes e a gestão de reclamações, é importante adotar as seguintes práticas:

• **Capacite a equipe:** Forneça treinamentos e orientações para os profissionais de saúde sobre a importância do monitoramento e avaliação de resultados, a coleta de feedback dos pacientes e a gestão adequada de reclamações. Certifique-se de que eles compreendam o papel fundamental dessas práticas na melhoria contínua da qualidade do atendimento.

• **Utilize ferramentas tecnológicas:** Explore as tecnologias disponíveis, como sistemas de gestão hospitalares integrados, softwares de pesquisa de satisfação, plataformas de gestão de reclamações, entre outros. Essas ferramentas facilitam a coleta, análise e acompanhamento dos dados, tornando o processo mais eficiente e preciso.

• **Promova uma cultura de aprendizado:** Estimule uma cultura organizacional que valorize a aprendizagem contínua e o compartilhamento de melhores práticas. Encoraje a equipe a utilizar os dados e feedback obtidos para identificar oportunidades de melhoria e implementar mudanças positivas nos processos e fluxos de trabalho.

• **Comunique os resultados e ações tomadas:** Mantenha todos os envolvidos informados sobre os resultados do monitoramento e avaliação, os feedbacks dos pacientes e as ações implementadas para abordar os pontos identificados. Isso promove a transparência e a confiança, tanto internamente, entre os profissionais de saúde, quanto externamente, com os pacientes e suas famílias.

• **Estabeleça metas e recompense o desempenho:** Defina metas claras e realistas para os indicadores de desempenho e estabeleça incentivos para o alcance dessas metas. Reconheça e recompense os profissionais e equipes que se destacarem na implementação de melhorias e na obtenção de resultados positivos.

Ao adotar essas estratégias, os hospitais estarão mais bem preparados para enfrentar os desafios e obstáculos relacionados à eficiência operacional. O monitoramento e avaliação de resultados, o feedback dos pacientes e a gestão de reclamações se tornarão processos integrados e contínuos, contribuindo para a melhoria constante da qualidade do atendimento e a satisfação dos pacientes.

VII

Gestão de custos e sustentabilidade financeira

A gestão de custos e a sustentabilidade financeira são elementos fundamentais para garantir a eficiência operacional e a saúde financeira de um hospital. Neste contexto, é necessário adotar estratégias eficazes para otimizar os recursos financeiros disponíveis e garantir a sustentabilidade a longo prazo.

Para uma gestão eficiente de custos e sustentabilidade financeira em hospitais, é importante considerar as seguintes abordagens:

1. Análise e controle de custos: Realize uma análise detalhada dos principais custos operacionais do hospital, identificando áreas de desperdício, ineficiências ou gastos excessivos. Estabeleça sistemas de controle financeiro para acompanhar de perto os custos e implemente medidas para reduzi-los de forma sustentável, sem comprometer a qualidade e segurança do atendimento.

2. Negociação com fornecedores: Busque estabelecer parcerias estratégicas com fornecedores, negociando melhores condições de preços e prazos de pagamento. Avalie constantemente as opções disponíveis no mercado e busque alternativas mais econômicas sem comprometer a qualidade dos insumos e serviços adquiridos.

3. Gestão eficiente de estoques: Acompanhe e controle rigorosamente os níveis de estoque de medicamentos, materiais e equipamentos, evitando excessos e garantindo uma reposição adequada.

A adoção de sistemas de informação e automação pode auxiliar nesse processo, permitindo uma visão mais precisa e em tempo real dos estoques.

4. Otimização da receita: Analise os fluxos de receita do hospital, identificando oportunidades para maximizar a arrecadação. Isso pode envolver a otimização dos processos de cobrança, a negociação com os planos de saúde, o aumento da taxa de ocupação dos leitos, entre outros.

5. Orçamento e planejamento financeiro: Elabore um orçamento anual e um planejamento financeiro de longo prazo, levando em consideração as projeções de receita e os custos esperados. Acompanhe regularmente o desempenho financeiro em relação ao orçamento, fazendo ajustes quando necessário.

6. Investimento em tecnologia: Avalie a implementação de sistemas e tecnologias que possam otimizar os processos hospitalares e reduzir os custos a longo prazo. Isso pode incluir a adoção de registros eletrônicos de saúde, sistemas de gestão integrados, automação de processos, entre outros.

7. Sustentabilidade ambiental: Considere a sustentabilidade ambiental como parte da gestão de custos e sustentabilidade financeira. Adote práticas que visem a redução do consumo de energia, água e materiais, o descarte adequado de resíduos, o uso eficiente de recursos e a implementação de medidas de responsabilidade social.

Ao adotar essas estratégias, os hospitais podem fortalecer sua gestão de custos e garantir uma sustentabilidade financeira a longo prazo. Isso permitirá que a instituição continue oferecendo um atendimento de qualidade, investindo em melhorias e se adaptando às mudanças do cenário da saúde.

VII-A

Análise e controle de custos hospitalares

A análise e controle de custos hospitalares são elementos essenciais para garantir uma gestão financeira eficiente e sustentável. Nesse contexto, é fundamental adotar práticas e estratégias que permitam identificar, monitorar e controlar os custos de forma eficaz.

A seguir, são apresentadas algumas etapas importantes para a análise e controle de custos hospitalares:

1. Identificação e classificação de custos: É necessário identificar e classificar os diferentes tipos de custos hospitalares, como custos com pessoal, medicamentos, equipamentos, suprimentos, manutenção, entre outros. Essa etapa permite ter uma visão clara dos diferentes elementos que compõem os custos do hospital.

2. Análise de custos por serviço ou departamento: É importante analisar os custos de forma segmentada por serviço ou departamento do hospital. Isso permite identificar quais áreas consomem mais recursos e onde estão concentradas as maiores oportunidades de redução de custos.

3. Estabelecimento de indicadores de desempenho: Definir indicadores de desempenho relevantes para a gestão de custos hospitalares é fundamental. Isso inclui indicadores como custo por procedimento, custo por paciente, custo por leito, entre outros. Esses indicadores auxiliam na avaliação do desempenho financeiro e na identificação de áreas críticas que requerem atenção.

4. Monitoramento contínuo: O monitoramento regular dos custos é essencial para identificar desvios, ineficiências e oportunidades de melhoria. É importante contar com sistemas e ferramentas de informação adequados que permitam obter dados precisos e atualizados sobre os custos hospitalares.

5. Análise de variações: É necessário analisar as variações nos custos ao longo do tempo e em relação aos padrões esperados. Identificar as principais causas de variações nos custos ajuda a tomar medidas corretivas e preventivas para evitar gastos desnecessários.

6. Gestão de fornecedores: Negociar e estabelecer parcerias estratégicas com fornecedores é uma estratégia importante para controlar os custos. Buscar melhores condições de preços, prazos de pagamento e qualidade dos produtos e serviços fornecidos contribui para a redução de custos.

7. Análise de eficiência de processos: A análise e a melhoria dos processos internos podem resultar em redução de custos significativa. Identificar gargalos, eliminar tarefas desnecessárias, automatizar processos e buscar eficiência operacional são abordagens que podem gerar economias substanciais.

8. Educação e conscientização da equipe: Engajar e conscientizar a equipe sobre a importância do controle de custos é fundamental.

Incentivar a cultura de economia, promover a conscientização sobre os impactos dos custos na sustentabilidade do hospital e incentivar sugestões de melhoria por parte dos colaboradores são práticas que podem contribuir para o controle de custos.

Ao implementar essas práticas de análise e controle de custos hospitalares, os hospitais podem otimizar seus recursos financeiros, reduzir desperdícios, aumentar a eficiência operacional e garantir uma gestão financeira mais sustentável. Isso resulta em benefícios tanto para a instituição, como a disponibilidade de recursos para investimentos em melhorias e expansão, quanto para os pacientes, por meio de uma oferta de serviços mais acessível e de qualidade. Além disso, uma gestão eficiente dos custos hospitalares contribui para a sustentabilidade financeira da instituição, permitindo a manutenção das atividades, o cumprimento de obrigações financeiras e a busca por um equilíbrio financeiro saudável.

No entanto, é importante ressaltar que a análise e controle de custos não devem comprometer a qualidade e a segurança do atendimento aos pacientes. É essencial encontrar um equilíbrio entre a redução de custos e a manutenção da excelência clínica, garantindo a entrega de serviços de saúde seguros e eficazes.

Além disso, a análise e controle de custos devem ser um processo contínuo e integrado à gestão hospitalar. É fundamental que haja uma cultura organizacional voltada para a eficiência, com envolvimento e engajamento de toda a equipe. A adoção de tecnologias de gestão e sistemas de informação também pode facilitar o acompanhamento e a análise dos custos, fornecendo dados precisos e em tempo real.

Em suma, a análise e controle de custos são aspectos essenciais da gestão hospitalar. Ao implementar práticas eficientes nesse sentido, os hospitais podem alcançar benefícios como a otimização dos recursos, a redução de desperdícios, a sustentabilidade financeira e a oferta de serviços de saúde mais acessíveis. Assim, é possível garantir a viabilidade e o sucesso da instituição no cenário de saúde cada vez mais desafiador.

VII-B

Estratégias para maximizar a eficiência financeira e garantir a sustentabilidade do hospital

A eficiência financeira é um componente fundamental para garantir a sustentabilidade de um hospital. A busca por estratégias eficazes nessa área pode ajudar a otimizar o uso dos recursos financeiros, reduzir custos desnecessários e aumentar a receita. A seguir, apresentamos algumas estratégias que podem ser adotadas para maximizar a eficiência financeira e garantir a sustentabilidade do hospital:

Análise e controle de custos

Realizar uma análise detalhada dos custos hospitalares é essencial para identificar áreas de desperdício e oportunidades de redução de gastos. Isso envolve revisar os processos de compra, contratação de fornecedores, gestão de estoque e consumo de recursos. Implementar um sistema eficaz de controle de custos permite tomar decisões embasadas e buscar alternativas mais econômicas.

Negociação com fornecedores

Estabelecer parcerias estratégicas com fornecedores pode trazer benefícios financeiros significativos. Negociar contratos de compra vantajosos, buscar descontos por volume e avaliar constantemente a relação custo-benefício dos fornecedores são práticas importantes para maximizar a eficiência financeira.

Gestão de receitas

É fundamental otimizar a gestão de receitas do hospital. Isso envolve uma abordagem abrangente, desde a otimização do processo de cobrança e faturamento até a negociação adequada com as seguradoras e órgãos governamentais responsáveis pelo reembolso. Realizar uma análise minuciosa dos fluxos de receita e identificar oportunidades de maximização da receita são passos importantes nesse processo.

Gerenciamento de riscos

Identificar e gerenciar os riscos financeiros é essencial para garantir a estabilidade e a sustentabilidade do hospital. Isso envolve o estabelecimento de políticas e procedimentos para mitigar riscos, como a falta de pagamento de contas, inadimplência de pacientes e fraudes. Além disso, é importante manter um plano de contingência para lidar com situações imprevistas que possam afetar negativamente as finanças do hospital.

Eficiência operacional

Uma gestão eficiente dos processos hospitalares contribui diretamente para a eficiência financeira. Otimizar a utilização de recursos humanos, materiais e equipamentos, reduzir tempos de espera, melhorar a produtividade e minimizar retrabalhos são ações que impactam positivamente os custos operacionais e a qualidade dos serviços prestados.

Inovação e tecnologia

A adoção de soluções tecnológicas pode trazer melhorias significativas para a eficiência financeira. Sistemas de gestão integrados, automação de processos, prontuário eletrônico do paciente e ferramentas de análise de dados são exemplos de tecnologias que podem otimizar as operações hospitalares, reduzir custos administrativos e facilitar a tomada de decisões estratégicas.

Para ilustrar os conceitos discutidos, vejamos alguns exemplos práticos de estratégias para maximizar a eficiência financeira e garantir a sustentabilidade de um hospital:

1. **Análise e controle de custos:** Realizar uma análise detalhada dos custos hospitalares pode revelar áreas de desperdício e oportunidades de redução de gastos. Por exemplo, identificar fornecedores que ofereçam preços mais competitivos ou implementar práticas de consumo consciente de recursos, como energia elétrica e água, pode resultar em economias significativas a longo prazo.

2. **Negociação com fornecedores:** É importante para obter melhores condições comerciais. Por exemplo, ao negociar contratos de compra de

medicamentos e dispositivos médicos, é possível obter descontos por volume ou estabelecer acordos de longo prazo que ofereçam vantagens financeiras.

3. Gestão de receitas: Uma estratégia eficaz de gestão de receitas envolve a otimização dos processos de cobrança e faturamento, bem como a negociação adequada com seguradoras e órgãos governamentais responsáveis pelo reembolso. Por exemplo, implementar sistemas de cobrança automatizados, monitorar de perto os prazos de pagamento e realizar auditorias regulares nas faturas emitidas podem melhorar a eficiência e a precisão da receita.

4. Gerenciamento de riscos: Uma abordagem proativa na gestão de riscos financeiros pode ajudar a evitar perdas significativas. Por exemplo, estabelecer políticas e procedimentos claros para lidar com pacientes inadimplentes, implementar controles rigorosos para evitar fraudes e manter um fundo de reserva para situações emergenciais são medidas que podem mitigar riscos financeiros.

5. Eficiência operacional: Otimizar os processos operacionais pode resultar em redução de custos e melhoria na qualidade do atendimento. Por exemplo, implementar sistemas de agendamento de consultas e cirurgias que reduzam os tempos de espera, padronizar protocolos de atendimento para evitar retrabalhos e investir em treinamento para a equipe médica e administrativa são estratégias que podem aumentar a eficiência operacional e reduzir custos.

6. Inovação e tecnologia: A adoção de soluções tecnológicas pode trazer benefícios financeiros significativos. Por exemplo, a implementação de prontuários eletrônicos do paciente pode reduzir os custos de armazenamento e facilitar o acesso às informações clínicas, enquanto a automação de processos administrativos pode reduzir erros e melhorar a eficiência operacional.

Esses são apenas alguns exemplos de estratégias que podem ser aplicadas para maximizar a eficiência financeira em hospitais. Cada instituição deve avaliar suas necessidades específicas e buscar soluções adequadas ao seu contexto, sempre visando a sustentabilidade financeira e o fornecimento de serviços de qualidade aos pacientes.

Ao implementar essas estratégias, os hospitais podem alcançar uma maior eficiência financeira, reduzir custos operacionais desnecessários e aumentar a sustentabilidade financeira da instituição. É importante ressaltar que essas estratégias devem ser adaptadas à realidade específica de cada hospital, levando em consideração, suas necessidades, recursos disponíveis e características do mercado em que estão inseridos.

Além disso, a busca pela eficiência financeira deve ser acompanhada por uma gestão cuidadosa e transparente, com a adoção de práticas de governança corporativa e monitoramento constante dos resultados financeiros. É fundamental estabelecer indicadores de desempenho financeiro e realizar análises periódicas para avaliar a eficácia das estratégias adotadas e identificar oportunidades de melhoria.

A maximização da eficiência financeira não se trata apenas de reduzir custos, mas também de buscar novas fontes de receita e oportunidades de crescimento. Isso pode incluir a diversificação dos serviços oferecidos, parcerias estratégicas com outros prestadores de serviços de saúde, investimentos em pesquisa e desenvolvimento, entre outros.

Em resumo, a eficiência financeira é um componente crucial para a sustentabilidade de hospitais, e a implementação de estratégias adequadas pode trazer benefícios significativos. Ao adotar uma abordagem abrangente, que envolva análise de custos, gestão de receitas, gerenciamento de riscos, eficiência operacional, inovação e tecnologia, os hospitais estarão melhor preparados para enfrentar os desafios financeiros e garantir sua capacidade de oferecer serviços de qualidade, contribuindo assim para o bem-estar dos pacientes e o sucesso da instituição.

VII-C

Parcerias e colaborações para otimização de recursos e redução de custos

Uma estratégia eficaz para otimizar recursos e reduzir custos em hospitais é estabelecer parcerias e colaborações com outras instituições e organizações. Essas parcerias podem trazer benefícios significativos, compartilhando recursos, expertise e conhecimentos, resultando em uma melhor utilização dos recursos disponíveis. Vejamos algumas formas de parcerias e colaborações que podem ser exploradas:

Parcerias com outras instituições de saúde

Hospitais podem estabelecer parcerias com clínicas, laboratórios e outros prestadores de serviços de saúde para compartilhar recursos, como equipamentos médicos especializados, salas cirúrgicas e profissionais especializados. Isso reduz a necessidade de investimentos individuais e permite um melhor aproveitamento dos recursos existentes.

Colaborações com instituições acadêmicas

Os hospitais podem estabelecer parcerias com instituições acadêmicas, como universidades e centros de pesquisa, para promover a colaboração em projetos de pesquisa, compartilhar conhecimentos e desenvolver inovações. Essas parcerias podem resultar em avanços científicos, melhoria da qualidade do atendimento e redução de custos por meio do compartilhamento de recursos e expertise.

Redes de compras conjuntas

Hospitais podem se unir em redes de compras conjuntas para negociar melhores preços e condições com fornecedores. Ao comprar em maior escala, é possível obter descontos e reduzir os custos de suprimentos médicos, medicamentos e outros produtos essenciais para o funcionamento do hospital.

Compartilhamento de infraestrutura

Os hospitais podem explorar o compartilhamento de infraestrutura, como instalações físicas e tecnológicas. Por exemplo, dois hospitais podem compartilhar um centro de imagem ou laboratório de análises clínicas, reduzindo os custos de investimento e manutenção. Além disso, a utilização conjunta de equipamentos e instalações pode aumentar a eficiência operacional e melhorar o acesso aos serviços de saúde.

Parcerias com organizações não governamentais e empresas

Hospitais podem estabelecer parcerias com organizações não governamentais e empresas para obter recursos financeiros, doações de equipamentos médicos e serviços voluntários. Essas parcerias podem ajudar a reduzir os custos operacionais e promover programas de responsabilidade social corporativa, beneficiando tanto o hospital quanto a comunidade atendida.

Ao buscar parcerias e colaborações, é fundamental estabelecer acordos claros, definir responsabilidades e garantir a conformidade com as regulamentações e diretrizes aplicáveis. Uma gestão eficiente dessas parcerias pode trazer benefícios mútuos, promovendo a otimização de recursos e a redução de custos, contribuindo para a sustentabilidade financeira do hospital e melhorando a qualidade do atendimento aos pacientes.

Essas iniciativas têm uma série de benefícios e contribuem para a sustentabilidade financeira da instituição. Aqui estão algumas razões pelas quais as parcerias e colaborações são importantes nesse contexto:

1. Compartilhamento de recursos: Ao estabelecer parcerias com outras instituições de saúde, é possível compartilhar recursos como equipamentos médicos, instalações e pessoal especializado. Isso permite a utilização mais eficiente dos recursos existentes, reduzindo a necessidade de investimentos adicionais e evitando a subutilização de ativos.

2. Redução de custos de aquisição: Ao formar redes de compras conjuntas, os hospitais podem negociar melhores preços e condições com fornecedores. Comprando em maior escala, é possível obter descontos significativos e reduzir os custos de aquisição de suprimentos médicos, medicamentos e equipamentos, o que impacta positivamente o orçamento hospitalar.

3. Acesso a expertise especializada: Ao estabelecer parcerias com instituições acadêmicas e centros de pesquisa, os hospitais têm a oportunidade de acessar expertise especializada e participar de projetos de pesquisa e desenvolvimento. Isso pode resultar em avanços científicos, inovações tecnológicas e aprimoramento dos procedimentos e práticas clínicas, melhorando a qualidade do atendimento e, ao mesmo tempo, reduzindo custos.

4. Compartilhamento de boas práticas e conhecimentos: As parcerias e colaborações entre hospitais permitem o compartilhamento de boas práticas e conhecimentos. Isso inclui a troca de experiências em gestão, fluxos de trabalho eficientes, protocolos clínicos padronizados e estratégias de otimização operacional. Ao aprender com as experiências de outras instituições, os hospitais podem identificar oportunidades de melhoria e implementar práticas comprovadas, resultando em uma gestão mais eficiente e na redução de custos.

5. Ampliação do alcance e impacto: Ao estabelecer parcerias com organizações não governamentais, empresas e comunidades locais, os hospitais podem obter apoio financeiro, doações de recursos e voluntariado. Isso não apenas reduz os custos operacionais, mas também fortalece o engajamento comunitário e a responsabilidade social corporativa. Além disso, parcerias estratégicas com empresas podem trazer benefícios adicionais, como acesso a tecnologias inovadoras e oportunidades de pesquisa colaborativa.

Em resumo, as parcerias e colaborações desempenham um papel crucial na otimização de recursos e redução de custos em hospitais. Ao compartilhar recursos, expertise e conhecimentos, as instituições podem maximizar a eficiência operacional, reduzir desperdícios, melhorar a qualidade do atendimento e garantir a sustentabilidade financeira a longo prazo. Ao buscar e cultivar essas parcerias estratégicas, os hospitais podem enfrentar os desafios da gestão de recursos de forma mais eficaz e alcançar melhores resultados para os pacientes e a comunidade

VIII

Casos de sucesso e estudos de casos

No mundo da gestão hospitalar, é sempre inspirador aprender com os casos de sucesso e estudos de casos de outras instituições. Neste capítulo, exploraremos exemplos concretos de hospitais que alcançaram eficiência operacional e excelência em sua gestão. Esses casos de sucesso nos fornecem insights valiosos sobre estratégias eficazes, melhores práticas e abordagens inovadoras que podem ser aplicadas em diferentes contextos hospitalares.

No campo da gestão hospitalar, a análise de casos de sucesso e estudos de casos desempenha um papel crucial na identificação de práticas eficazes, melhores abordagens e lições aprendidas. Essas análises fornecem insights valiosos sobre estratégias bem-sucedidas, inovações e soluções adotadas por hospitais para alcançar a eficiência operacional e a excelência na gestão. Neste capítulo, exploraremos a importância de analisar casos de sucesso e estudos de casos e como essa prática pode beneficiar os gestores hospitalares.

A análise de casos de sucesso e estudos de casos é uma ferramenta poderosa para os gestores hospitalares. Ao aprender com as experiências de outros hospitais, identificar melhores práticas, estimular a inovação e mitigar riscos, é possível aprimorar a eficiência operacional.

VIII-A

Exemplos práticos de hospitais que alcançaram eficiência operacional e sucesso na gestão

No campo da gestão hospitalar, a análise de casos de sucesso e estudos de casos desempenha um papel crucial na identificação de práticas eficazes, melhores abordagens e lições aprendidas. Essas análises fornecem insights valiosos sobre estratégias bem-sucedidas, inovações e soluções adotadas por hospitais para alcançar a eficiência operacional e a excelência na gestão. Neste capítulo, exploraremos a importância de analisar casos de sucesso e estudos de casos e como essa prática pode beneficiar os gestores hospitalares.

Aprendizado com Experiências Práticas

A análise de casos de sucesso e estudos de casos permite que os gestores hospitalares aprendam com as experiências práticas de outras instituições. Ao examinar casos bem-sucedidos, é possível identificar as estratégias adotadas, os desafios enfrentados e as soluções implementadas. Esses insights práticos fornecem uma base sólida para a tomada de decisões informadas e a implementação de práticas eficazes em outros contextos hospitalares.

Identificação de Melhores Práticas

A análise de casos de sucesso e estudos de casos ajuda a identificar melhores práticas em gestão hospitalar. Ao estudar exemplos de hospitais que alcançaram resultados positivos, é possível identificar as abordagens e técnicas que contribuíram para o seu sucesso. Essas melhores práticas podem incluir o uso de tecnologia avançada, a implementação de processos eficientes, a adoção de modelos de colaboração e parcerias estratégicas. Ao aplicar essas melhores práticas em suas próprias instituições, os gestores hospitalares podem melhorar a eficiência operacional e a qualidade do atendimento.

Estímulo à Inovação e Criatividade

Ao analisar casos de sucesso e estudos de casos, os gestores hospitalares são expostos a ideias inovadoras e soluções criativas. Esses exemplos estimulam a criatividade e inspiram a busca por novas abordagens e estratégias. A análise de casos de sucesso não se limita a replicar o que já foi feito, mas encoraja os gestores a adaptar e personalizar as estratégias de acordo com as necessidades e características específicas de suas próprias instituições.

Mitigação de Riscos

A análise de casos de sucesso e estudos de casos também desempenham um papel importante na mitigação de riscos. Ao examinar os desafios enfrentados por outros hospitais e as soluções encontradas, os gestores podem antecipar potenciais obstáculos e desenvolver estratégias de mitigação de riscos. Isso permite que sejam tomadas medidas proativas para evitar erros e problemas comuns, garantindo uma gestão mais eficiente e eficaz.

Conclusão

A análise de casos de sucesso e estudos de casos é uma ferramenta poderosa para os gestores hospitalares. Ao aprender com as experiências de outros hospitais, identificar melhores práticas, estimular a inovação e mitigar riscos, é possível aprimorar a eficiência operacional, a qualidade do atendimento e a sustentabilidade financeira das instituições de saúde. Ao analisar casos de sucesso, os gestores podem obter insights valiosos sobre as estratégias, abordagens e práticas que contribuíram para os resultados positivos alcançados por outros hospitais. Isso permite que eles identifiquem oportunidades de melhoria, implementem mudanças eficazes e maximizem os recursos disponíveis.

Além disso, a análise de estudos de casos oferece a oportunidade de aprender com os desafios enfrentados por outras instituições de saúde e as soluções adotadas para superá-los. Isso ajuda os gestores a antecipar potenciais obstáculos e desenvolver estratégias de mitigação de riscos, reduzindo assim a probabilidade de erros e problemas.

A análise de casos de sucesso e estudos de casos também promove a disseminação de conhecimento e a troca de experiências entre os profissionais de saúde. Ao compartilhar exemplos de boas práticas, os gestores hospitalares podem inspirar e motivar suas equipes a buscar a excelência em seus próprios processos e abordagens.

Em resumo, a análise de casos de sucesso e estudos de casos é uma ferramenta essencial para a gestão hospitalar, permitindo que os gestores se beneficiem da experiência e do conhecimento acumulado por outras instituições. Ao aprender com os sucessos e desafios enfrentados pelos outros, os gestores podem tomar decisões informadas, implementar melhores práticas e buscar a melhoria contínua. Isso resulta em hospitais mais eficientes, com melhor qualidade de atendimento e sustentabilidade financeira.

VIII- B

Implantação de um Sistema de Gestão de Processos

Certos hospitais nacionais e estrangeiros têm implementado com sucesso sistemas de gestão de processos para melhorar a eficiência e a qualidade dos cuidados de saúde. Aqui estão alguns exemplos:

1. Hospital Albert Einstein (Brasil): O Hospital Israelita Albert Einstein, localizado em São Paulo, Brasil, é conhecido por sua excelência na gestão hospitalar. Eles implementaram um sistema de gestão de processos baseado em metodologias como Lean Six Sigma e Kaizen, visando a melhoria contínua dos processos e a redução de desperdícios.

2. Cleveland Clinic (Estados Unidos): A Cleveland Clinic, localizada em Cleveland, Ohio, é um dos principais hospitais dos Estados Unidos. Eles adotaram um sistema de gestão de processos conhecido como "Cleveland Clinic Improvement Model" para melhorar a qualidade dos cuidados e a eficiência operacional. O modelo envolve a análise detalhada de processos, a identificação de oportunidades de melhoria e a implementação de mudanças para alcançar resultados positivos.

3. Hospital Alemão Oswaldo Cruz (Brasil): O Hospital Alemão Oswaldo Cruz, em São Paulo, Brasil, implementou um sistema de gestão de processos baseado na metodologia Lean Healthcare. Eles se concentraram na padronização de processos, eliminação de atividades

174

desnecessárias, redução de tempos de espera e otimização da utilização de recursos.

4. University College London Hospitals NHS Foundation Trust (Reino Unido): A University College London Hospitals NHS Foundation Trust, no Reino Unido, implantou um sistema de gestão de processos chamado "Operational Excellence Program". Esse programa visa melhorar a qualidade dos cuidados, reduzir custos e aumentar a eficiência por meio de uma abordagem sistemática para a identificação e melhoria de processos.

5. Hospital Israelita Albert Einstein (Israel): Além do Albert Einstein no Brasil, existe um hospital homônimo em Israel, também conhecido por sua gestão eficaz. Eles aplicam metodologias de gestão de processos para melhorar a eficiência, a qualidade e a segurança dos cuidados prestados aos pacientes.

Esses são apenas alguns exemplos de hospitais que implantaram sistemas de gestão de processos. Cada um deles utiliza abordagens específicas para otimizar seus processos internos e aprimorar a qualidade dos cuidados de saúde.

VIII-C

Colaboração com Universidades e Instituições de Pesquisa

Os hospitais têm buscado colaboração com universidades e instituições de pesquisa para promover a inovação, avançar o conhecimento médico e melhorar a qualidade dos cuidados de saúde. Aqui estão alguns exemplos de hospitais nacionais e estrangeiros que estabeleceram parcerias bem-sucedidas e os benefícios que essas colaborações trouxeram:

1. Hospital das Clínicas da Faculdade de Medicina da Universidade de São Paulo (Brasil): O Hospital das Clínicas, localizado em São Paulo, Brasil, é um exemplo de colaboração entre um hospital e uma universidade renomada. A parceria com a Faculdade de Medicina da Universidade de São Paulo (FMUSP) tem permitido a integração da assistência médica com a pesquisa e o ensino. Os benefícios incluem a realização de estudos clínicos avançados, a formação de profissionais de saúde altamente qualificados e a aplicação de pesquisas inovadoras na prática clínica.

2. Mayo Clinic (Estados Unidos): A Mayo Clinic, com sede nos Estados Unidos, é conhecida por suas colaborações com instituições de pesquisa em todo o mundo. Essas parcerias têm resultado em avanços significativos no campo da medicina. Os benefícios incluem o acesso às pesquisas e conhecimentos de ponta, a participação em estudos clínicos de vanguarda e a possibilidade de oferecer aos pacientes tratamentos inovadores e personalizados.

3. Hospital Universitário de Zurique (Suíça): O Hospital Universitário de Zurique, na Suíça, é afiliado à Universidade de Zurique e colabora de perto com diversas instituições de pesquisa. Essa parceria tem levado a uma abordagem interdisciplinar para a saúde, onde médicos, cientistas e pesquisadores trabalham juntos para desenvolver soluções inovadoras. Os benefícios incluem a melhoria da qualidade do atendimento, o desenvolvimento de novos tratamentos e a promoção de uma cultura de aprendizado contínuo.

4. Hospital de Crianças de Boston (Estados Unidos): O Hospital de Crianças de Boston, nos Estados Unidos, é afiliado à Universidade de Harvard e tem uma forte colaboração com suas instituições de pesquisa. Essa parceria resultou em avanços significativos na medicina pediátrica, como o desenvolvimento de terapias inovadoras e o aprimoramento da compreensão de doenças infantis complexas. Os benefícios incluem a prestação de cuidados de saúde de qualidade, o acesso a tratamentos de última geração e a participação em estudos clínicos pioneiros.

5. Hospital Universitário de Oslo (Noruega): O Hospital Universitário de Oslo, na Noruega, estabeleceu colaborações estratégicas com várias universidades e instituições de pesquisa. Essa parceria tem contribuído para avanços significativos na área da medicina, especialmente em campos como a genética, oncologia e neurociência. Os benefícios incluem a tradução rápida de descobertas científicas em práticas clínicas, o acesso a tratamentos de última geração e a melhoria da qualidade dos cuidados de saúde.

Hospital Sirio-Libanês (Brasil): O Hospital Sirio-Libanês, em São Paulo, Brasil, possui uma forte colaboração com instituições de pesquisa e universidades nacionais e internacionais. Essa parceria tem permitido o desenvolvimento de pesquisas científicas avançadas, a participação em estudos clínicos de vanguarda e a troca de conhecimento com especialistas renomados. Os benefícios incluem a adoção de práticas inovadoras, a melhoria da qualidade dos serviços e a oferta de tratamentos de ponta aos pacientes.

6. Hospital Universitário de Copenhague (Dinamarca): O Hospital Universitário de Copenhague, na Dinamarca, é afiliado à Universidade de Copenhague e mantém colaborações com várias instituições de pesquisa nacionais e internacionais. Essa parceria tem impulsionado a inovação no campo da medicina e melhorado os resultados de saúde. Os benefícios incluem o acesso a recursos e conhecimentos especializados, a participação em estudos de grande escala e a aplicação de descobertas científicas na prática clínica.

7. Hospital Geral de Massachusetts (Estados Unidos): O Hospital Geral de Massachusetts, em Boston, Estados Unidos, tem estabelecido parcerias com universidades de renome, como a Universidade Harvard. Essa colaboração tem contribuído para avanços significativos em várias áreas da medicina, incluindo pesquisa básica, desenvolvimento de novas terapias e melhorias na prestação de cuidados. Os benefícios incluem o acesso a conhecimentos especializados, a participação em estudos clínicos de ponta e o intercâmbio de melhores práticas com especialistas de todo o mundo.

Esses exemplos demonstram como a colaboração entre hospitais e instituições de pesquisa traz benefícios significativos para a área da saúde. Essas parcerias promovem a inovação, impulsionam a pesquisa científica, melhoram a qualidade dos cuidados e proporcionam avanços médicos que beneficiam os pacientes e a comunidade médica como um todo.

VIII-D

Implementação de um Sistema de Business Intelligence

Certos hospitais têm implementado sistemas de Business Intelligence (BI) para melhorar a tomada de decisões estratégicas e a gestão dos dados na área da saúde. Aqui estão alguns exemplos de hospitais e os benefícios que a implementação de um sistema de BI trouxe:

1. Hospital Israelita Albert Einstein (Brasil): O Hospital Albert Einstein, em São Paulo, implementou um sistema de BI para integrar e analisar dados de diferentes fontes, como prontuários eletrônicos, registros de pacientes e dados financeiros. Isso permitiu uma visão abrangente das operações do hospital, facilitando a identificação de padrões, tendências e insights valiosos para aprimorar a gestão e a qualidade dos cuidados. Os benefícios incluem a otimização dos recursos, a redução de custos, a melhoria da eficiência operacional e a capacidade de tomar decisões mais embasadas.

2. Cleveland Clinic (Estados Unidos): A Cleveland Clinic adotou um sistema de BI para consolidar dados clínicos, operacionais e financeiros em um único painel de controle. Isso proporcionou uma visão holística das operações do hospital, permitindo uma análise aprofundada e a geração de relatórios em tempo real. Os benefícios incluem a identificação de oportunidades de melhoria, o monitoramento de desempenho em tempo real, a detecção de problemas precocemente e a melhoria da qualidade e segurança dos cuidados.

3. Hospital Universitário de Copenhague (Dinamarca): O Hospital Universitário de Copenhague implementou um sistema de BI para consolidar dados de pacientes, resultados de exames e informações operacionais em um único painel de controle. Isso facilitou a identificação de padrões, a análise de desempenho e a geração de relatórios personalizados. Os benefícios incluem a melhoria da eficiência operacional, a redução de erros médicos, a otimização da gestão de recursos e a melhoria da experiência do paciente.

4. Geisinger Health System (Estados Unidos): O Geisinger Health System utilizou um sistema de BI para analisar dados de saúde de uma ampla variedade de fontes, como registros médicos eletrônicos, informações demográficas e dados de seguros. Isso ajudou a identificar fatores de risco, padrões de doenças e resultados de tratamentos, permitindo uma abordagem mais personalizada e baseada em evidências para o cuidado ao paciente. Os benefícios incluem a redução de readmissões hospitalares, a melhoria da coordenação do cuidado, a prevenção de doenças e a redução de custos.

5. Hospital Universitário de Helsinque (Finlândia): O Hospital Universitário de Helsinque implementou um sistema de BI para melhorar a gestão de recursos, o planejamento estratégico e a qualidade dos cuidados. Através da análise de dados, eles conseguiram otimizar o agendamento de consultas, a alocação de leitos e a distribuição de recursos médicos. Os benefícios incluem a redução de tempos de espera, a otimização do fluxo de pacientes, e melhoria da eficiência geral.

6. Hospital Johns Hopkins (Estados Unidos): O Hospital Johns Hopkins adotou um sistema de BI para integrar dados clínicos, de pesquisa e administrativos. Isso permitiu uma análise abrangente das informações, proporcionando insights valiosos para melhorar a eficácia dos tratamentos, identificar padrões de doenças e realizar pesquisas inovadoras. Os benefícios incluem aprimoramento da qualidade dos cuidados, redução de erros médicos, avanços científicos e tomada de decisões embasadas em dados.

7. Hospital Universitário de Uppsala (Suécia): O Hospital Universitário de Uppsala implementou um sistema de BI para reunir dados de diferentes áreas, como pacientes, recursos, finanças e qualidade dos cuidados. Isso permitiu uma análise abrangente das operações do hospital, identificação de áreas de melhoria, monitoramento de desempenho e geração de relatórios personalizados. Os benefícios incluem a melhoria da eficiência, a redução de custos, a tomada de decisões embasadas em dados e o aprimoramento da qualidade dos serviços prestados.

Esses exemplos demonstram como a implementação de um sistema de Business Intelligence em hospitais proporciona benefícios significativos, como otimização dos processos, melhoria da eficiência operacional, tomada de decisões embasadas em dados, melhor qualidade dos cuidados, redução de erros médicos e identificação de oportunidades de melhoria. O uso estratégico de dados e análises é essencial para impulsionar a inovação, melhorar a gestão e fornecer um atendimento de saúde mais eficaz e personalizado.

VIII- E

Parcerias com Empresas de Tecnologia

A colaboração entre hospitais e empresas de tecnologia tem se mostrado benéfica para impulsionar a inovação, melhorar a eficiência operacional e aprimorar a qualidade dos cuidados de saúde. Aqui estão alguns exemplos de hospitais nacionais e estrangeiros que estabeleceram parcerias com empresas de tecnologia e os benefícios resultantes dessas colaborações:

1. Hospital Israelita Albert Einstein (Brasil) - Parceria com **IBM:** O Hospital Albert Einstein estabeleceu uma parceria com a IBM para desenvolver um sistema de inteligência artificial chamado "Einstein". Esse sistema utiliza tecnologias avançadas, como análise de dados e machine learning, para melhorar o diagnóstico e o tratamento de doenças complexas. Os benefícios incluem maior precisão no diagnóstico, identificação de padrões e tendências, e otimização do fluxo de trabalho clínico.

2. Hospital Geral de Massachusetts (Estados Unidos) - Parceria com **Google Health:** O Hospital Geral de Massachusetts colaborou com a Google Health para aplicar a inteligência artificial na interpretação de exames de imagem, como tomografias e ressonâncias magnéticas. Essa parceria resultou em maior rapidez e precisão na análise dos exames, auxiliando os médicos no diagnóstico e tratamento. Os benefícios incluem melhor detecção de doenças, economia de tempo e melhoria na qualidade dos cuidados.

3. Hospital Universitário de Helsinque (Finlândia) - Parceria com **Nokia:** O Hospital Universitário de Helsinque se uniu à Nokia para desenvolver soluções de saúde digital. Essas soluções incluem o uso de dispositivos conectados, sensores e análise de dados para monitorar pacientes à distância, permitindo um acompanhamento mais eficiente e personalizado. Os benefícios incluem maior acessibilidade aos cuidados de saúde, melhor gerenciamento de condições crônicas e redução de hospitalizações desnecessárias.

4. Cleveland Clinic (Estados Unidos) - Parceria com **Microsoft:** A Cleveland Clinic estabeleceu uma parceria com a Microsoft para aplicar inteligência artificial na área da saúde. Essa colaboração resultou em avanços no diagnóstico por imagem, análise genômica e pesquisa clínica. Os benefícios incluem diagnósticos mais precisos, tratamentos personalizados e avanços na descoberta de novas terapias.

5. Hospital Sirio-Libanês (Brasil) - Parceria com **Apple:** O Hospital Sirio-Libanês fez uma parceria com a Apple para implementar soluções de saúde móvel. Por meio do uso de dispositivos como Apple Watch e aplicativos de saúde, os pacientes podem monitorar seus dados vitais, receber lembretes de medicamentos e acessar informações médicas de forma segura. Os benefícios incluem maior engajamento do paciente, prevenção de doenças e melhor comunicação entre médicos e pacientes.

6. Hospital Universitário de Copenhague (Dinamarca) - Parceria com **Philips**: O Hospital Universitário de Copenhague estabeleceu uma parceria com a Philips para implementar soluções de saúde baseadas em tecnologia. Isso inclui a utilização de dispositivos médicos avançados, como monitores de pacientes e sistemas de imagem, que são integrados com sistemas de informação hospitalar. Os benefícios incluem monitoramento contínuo dos pacientes, maior eficiência no fluxo de trabalho clínico e melhoria na qualidade dos cuidados.

7. Hospital St. Jude Children's Research (Estados Unidos) - Parceria com **IBM Watson**: O Hospital St. Jude Children's Research colaborou com a IBM Watson para desenvolver um sistema de inteligência artificial que auxilia no diagnóstico e tratamento de câncer pediátrico. O sistema analisa dados clínicos, informações genéticas e literatura científica para fornecer insights e recomendações aos médicos. Os benefícios incluem diagnóstico mais preciso, tratamento personalizado e acesso a conhecimentos especializados.

8. Hospital Johns Hopkins (Estados Unidos) - Parceria com **Amazon Web Services (AWS)**: O Hospital Johns Hopkins estabeleceu uma parceria com a Amazon Web Services para utilizar serviços em nuvem e tecnologias avançadas de análise de dados. Isso permite o processamento e a análise de grandes volumes de dados clínicos, acelerando a pesquisa médica e facilitando a tomada de decisões baseada em dados. Os benefícios incluem maior eficiência na análise de dados, insights valiosos para a pesquisa e aprimoramento dos cuidados clínicos.

Essas parcerias entre hospitais e empresas de tecnologia mostram como a colaboração pode impulsionar a inovação e melhorar a prestação de serviços de saúde. Os benefícios incluem diagnósticos mais precisos, tratamentos personalizados, maior eficiência operacional e acesso a cuidados de saúde mais ágeis. Além disso, as parcerias com empresas de tecnologia também permitem o desenvolvimento de soluções inovadoras para a melhoria da saúde da população em geral.

Esses exemplos destacam os benefícios das parcerias entre hospitais e empresas de tecnologia na melhoria dos cuidados de saúde. A implementação de soluções tecnológicas inovadoras permite diagnósticos mais precisos, tratamentos personalizados, maior eficiência operacional e acesso a conhecimentos especializados. Essas colaborações impulsionam a transformação digital na área da saúde e contribuem para a melhoria contínua da qualidade dos cuidados oferecidos aos pacientes.

VIII- F

Análise dos fatores-chave para o sucesso e as lições aprendidas

Vamos analisar os fatores-chave para o sucesso e as lições aprendidas em cada um dos casos mencionados:

Implantação de um Sistema de Gestão de Processos

Fatores-chave para o sucesso

1. Comprometimento da alta administração: O apoio e comprometimento da alta administração são cruciais para o sucesso da implantação de um sistema de gestão de processos. Eles devem estabelecer uma visão clara, fornecer recursos adequados e promover uma cultura organizacional voltada para a melhoria contínua.

2. Engajamento dos colaboradores: É essencial envolver os colaboradores em todas as etapas do processo. Isso inclui treinamento adequado, comunicação efetiva, identificação e resolução de problemas em conjunto, além de incentivar a participação ativa na implementação do sistema.

3. Monitoramento e avaliação contínuos: O acompanhamento regular do desempenho dos processos é fundamental. Estabelecer indicadores-chave de desempenho (KPIs), realizar auditorias internas e revisões periódicas garantem que o sistema de gestão de processos seja eficaz e esteja alinhado com os objetivos da organização.

Lições aprendidas

1. Planejamento adequado: Um planejamento detalhado é fundamental para evitar obstáculos e minimizar riscos durante a implementação. É importante considerar os recursos necessários, as capacidades da equipe e definir metas claras e realistas.

2. Envolvimento da equipe: A participação ativa e o envolvimento da equipe em todas as etapas do processo garantem uma melhor aceitação e adesão ao sistema de gestão de processos.

3. Melhoria contínua: A implementação de um sistema de gestão de processos não deve ser vista como um projeto único, mas sim como um processo contínuo de melhoria. A organização deve estar aberta a ajustes e atualizações ao longo do tempo, conforme novas necessidades e desafios surgem.

Colaboração com Universidades e Instituições de Pesquisa

Fatores-chave para o sucesso

1. Parcerias estratégicas: Estabelecer parcerias estratégicas com universidades e instituições de pesquisa que tenham expertise na área de interesse é fundamental. Isso permite acesso a conhecimentos e recursos especializados, além de promover a troca de ideias e o desenvolvimento conjunto de soluções.

2. Definição clara dos objetivos: É importante ter uma visão clara dos objetivos da colaboração e estabelecer metas específicas. Isso ajuda a alinhar as expectativas e garantir que os esforços sejam direcionados para alcançar resultados concretos.

3. Comunicação e compartilhamento de informações: A comunicação aberta e o compartilhamento de informações entre o hospital e a universidade/instituição de pesquisa são fundamentais para o sucesso da colaboração. Isso inclui troca de conhecimentos, resultados de pesquisas, experiências clínicas e desafios enfrentados.

Lições aprendidas

1. Identificação de parcerias adequadas: É importante identificar as universidades e instituições de pesquisa com expertise relevante para a área de interesse do hospital. Além disso, é necessário considerar a compatibilidade de valores, a disponibilidade de recursos e a capacidade de colaboração de ambas as partes.

2. Estabelecimento de acordos claros: É fundamental estabelecer acordos e contratos claros que definam os direitos, responsabilidades e expectativas de ambas as partes. Isso inclui questões relacionadas à propriedade intelectual, compartilhamento de dados e publicações conjuntas, quando aplicável.

3. Gestão efetiva do projeto: Uma gestão efetiva do projeto é essencial para garantir o progresso e a realização dos objetivos estabelecidos. Isso inclui o estabelecimento de marcos e cronogramas, a atribuição de responsabilidades claras e a alocação adequada de recursos.

Implementação de um Sistema de Business Intelligence

Fatores-chave para o sucesso

1. Definição de requisitos e objetivos claros: É essencial ter uma compreensão clara dos requisitos e objetivos do sistema de Business Intelligence (BI) para direcionar a implementação. Isso envolve identificar as necessidades de informação da organização, os indicadores-chave de desempenho e as análises necessárias para tomar decisões informadas.

2. Seleção adequada da tecnologia: A escolha da plataforma de BI adequada é crucial. Ela deve ser capaz de lidar com os requisitos específicos da organização, ter capacidade de integração com diferentes fontes de dados e fornece recursos de visualização e análise de dados avançados.

3. Capacitação dos usuários: Uma parte essencial da implementação do BI é capacitar os usuários para extrair o máximo proveito do sistema.

Isso envolve treinamentos adequados, fornecimento de suporte técnico e promoção de uma cultura data-driven na organização.

Lições aprendidas

1. Engajamento da liderança: O envolvimento e apoio da liderança são cruciais para o sucesso da implementação do BI. A liderança deve demonstrar o valor e a importância do sistema, bem como incentivar o uso e a adoção generalizada.

2. Qualidade dos dados: A qualidade dos dados é fundamental para o sucesso do BI. É importante investir em processos robustos de coleta, limpeza e integração de dados, além de garantir a governança adequada dos dados.

3. Evolução contínua: Um sistema de BI deve ser visto como uma jornada contínua de evolução. É necessário acompanhar as necessidades em constante mudança da organização, atualizar as análises e relatórios conforme necessário e garantir que o sistema esteja alinhado com os objetivos estratégicos da organização.

Parcerias com Empresas de Tecnologia

Fatores-chave para o sucesso:

1. Alinhamento estratégico: O alinhamento estratégico entre o hospital e a empresa de tecnologia é fundamental para o sucesso da parceria. Ambas as partes devem compartilhar objetivos e visões comuns, bem como ter uma compreensão clara dos resultados esperados da parceria.

2. Compartilhamento de conhecimento: A parceria deve ser baseada no compartilhamento mútuo de conhecimento e expertise. O hospital pode contribuir com sua experiência clínica e conhecimento do setor, enquanto a empresa de tecnologia pode fornecer soluções inovadoras e conhecimentos técnicos.

3. Controle e governança: É essencial estabelecer um controle adequado e mecanismos de governança para a parceria. Isso inclui a definição clara de responsabilidades, a comunicação efetiva entre as partes e a avaliação regular do progresso e dos resultados alcançados.

Lições aprendidas:

1. Escolha do parceiro adequado: A seleção de uma empresa de tecnologia que tenha experiência relevante no setor hospitalar é fundamental. É importante avaliar a reputação, o histórico de sucesso e a capacidade da empresa de atender às necessidades específicas do hospital.

2. Cooperação e colaboração contínuas: A parceria deve ser vista como um relacionamento contínuo e não apenas um projeto pontual. É importante manter uma comunicação aberta e colaborar de forma contínua para aproveitar ao máximo a parceria.

3. Avaliação de resultados: É essencial monitorar e avaliar os resultados alcançados por meio da parceria. Isso pode ser feito por meio de indicadores-chave de desempenho, avaliações de satisfação do cliente e análise de retorno sobre o investimento. Essas informações podem ser usadas para ajustar e melhorar a parceria ao longo do tempo.

Em todos os casos mencionados, os fatores-chave para o sucesso incluem o alinhamento estratégico, a comunicação eficaz, o engajamento das partes envolvidas, a definição clara de objetivos e a capacidade de adaptação e evolução contínua. As lições aprendidas destacam a importância do planejamento adequado, da colaboração, da capacitação dos envolvidos, do monitoramento e avaliação contínuos, e da busca pela excelência e inovação.

IX

Perspectivas futuras e tendências na busca por uma gestão eficaz em hospitais

A gestão eficaz em hospitais desempenha um papel fundamental na prestação de cuidados de saúde de qualidade, no uso eficiente de recursos e na melhoria contínua dos processos. À medida que avançamos para o futuro, novas perspectivas e tendências emergem no campo da gestão hospitalar, oferecendo oportunidades emocionantes para impulsionar a eficiência e o sucesso das instituições de saúde. Neste artigo, exploraremos algumas dessas perspectivas futuras e tendências na busca por uma gestão eficaz em hospitais.

Tecnologia da Informação e Digitalização

A tecnologia da informação irá desempenhar um papel cada vez mais importante na gestão hospitalar. A digitalização de registros médicos, a implementação de sistemas de gestão hospitalar integrados e a utilização de análises de dados avançadas são apenas alguns exemplos das possibilidades oferecidas pela tecnologia. A inteligência artificial, a telemedicina e a realidade virtual também estão se tornando cada vez mais presentes, facilitando a tomada de decisões informadas, melhorando a comunicação com os pacientes e otimizando os processos operacionais.

Enfoque na Experiência do Paciente

Uma tendência crescente é o foco na experiência do paciente como um elemento-chave da gestão hospitalar eficaz. Os hospitais estão buscando aprimorar a comunicação com os pacientes, oferecer opções de atendimento personalizadas, melhorar o conforto nas instalações e fornecer informações claras e acessíveis. A satisfação do paciente é cada vez mais valorizada, pois está diretamente ligada à qualidade dos cuidados e à reputação do hospital.

Gestão de Riscos e Qualidade

A gestão de riscos e a busca pela excelência em qualidade continuarão sendo prioridades para os hospitais no futuro. A implementação de programas de gerenciamento de riscos, auditorias internas, monitoramento de indicadores de qualidade e a busca por certificações e acreditações são práticas fundamentais. Além disso, a gestão eficaz de eventos adversos, a prevenção de infecções hospitalares e a garantia da segurança dos pacientes são áreas-chave para o aprimoramento contínuo.

Colaboração Interdisciplinar e Rede de Cuidados

A gestão eficaz em hospitais envolve cada vez mais a colaboração interdisciplinar e a formação de redes de cuidados. Isso inclui parcerias com outros hospitais, instituições de pesquisa, universidades e fornecedores de serviços de saúde. A troca de conhecimento, a padronização de práticas e o compartilhamento de recursos contribuem para a eficiência operacional, a inovação e a melhoria da qualidade dos cuidados.

Sustentabilidade e Responsabilidade Social

A sustentabilidade e a responsabilidade social são tendências que estão ganhando destaque na gestão hospitalar. Hospitais estão buscando práticas mais sustentáveis, como a redução do consumo de energia, a gestão adequada de resíduos e a promoção de iniciativas ambientalmente responsáveis. Além disso, o envolvimento com a comunidade local, a promoção da equidade no acesso aos cuidados de saúde e a responsabilidade social corporativa são cada vez mais valorizados.

Conclusão:

A busca por uma gestão eficaz em hospitais está constantemente evoluindo para enfrentar os desafios e aproveitar as oportunidades do futuro. A adoção de tecnologia, o foco na experiência do paciente, a ênfase na qualidade e segurança, a colaboração interdisciplinar e a responsabilidade social são algumas das perspectivas e tendências que irão moldar a gestão hospitalar nos próximos anos. Ao abraçar essas tendências e implementar estratégias inovadoras, os hospitais poderão fornecer cuidados de saúde de excelência, melhorar a eficiência operacional e se adaptar às demandas em constante mudança do setor.

X

Considerações finais

Os principais pontos discutidos no livro "Gestão Operacional em Hospitais - Otimização de Processos e Recursos para uma Gestão de Sucesso". O livro aborda estratégias e melhores práticas para alcançar a eficiência operacional em hospitais, garantindo uma gestão eficaz e sustentável. Através da recapitulação, destacamos os fundamentos da eficiência operacional, os desafios enfrentados, as vantagens de uma gestão eficiente, técnicas para otimização de processos, uso de tecnologia e automação, além da importância da gestão de recursos e da cultura de melhoria contínua. Ao relembrar esses pontos essenciais, os profissionais da área de saúde poderão consolidar seu conhecimento e aplicá-lo de forma prática em seus hospitais, promovendo uma gestão de sucesso.

www.ingramcontent.com/pod-product-compliance
Lightning Source LLC
Chambersburg PA
CBHW070629220526
45466CB00001B/132